「親」を楽しむ小さな魔法

STAR Parenting

Without Spanking or Spoiling

エリザベス・クレアリー

田上時子／三輪妙子＝訳

築地書館

「親」を楽しむ小さな魔法

Without Spanking or Spoiling, Second Edition
by Elizabeth Crary

Published by arrangement with Parenting Press Inc.,
P.O.Box 75267, Seattle, Washington 98125, U.S.A.
Japanese translation reserved by TSUKIJI-SHOKAN

はじめに

親ならだれしも「ムチを惜しむと、子どもをだめにする」という教訓を聞いたことがあると思います。と同時に、子どもを叩くことは、一種の虐待であると言われるのを耳にしたこともあるはずです。わたしは親たちからよく「子どもに手をあげず、かといって甘やかしもせずに育てることはできるのでしょうか?」と聞かれます。幸いなことに、答えは「できますよ!」です。子どもに手をあげず、しかも甘やかさずに育てることはできるのです。

きちんとしたルールを決められていない子どもはわがままになりがちですが、叩くことは、ルールを実行するための一つのやり方にすぎません。ほかにいくつも、違う方法があります。

子どものなかには、わりあいに育てやすい子もいます。子どもが生まれつき素直な性格で、しかも親が、うまい子育てのスキルをもっている場合です。そうでない場合は、子どもが手がかかるか、または親の子育ての方法がその子にうまく合わないか、どちらかです。そういうときには、親は保育者や教師と協力して子どもに接する必要があります。

この本では、子どもを叩く代わりにできることと、よく見られる問題行動を解決するためのヒント

をあげ、さらに、問題を解決するための5つのステップを紹介しています。こうした方法は、子どもを育てるときの一般的な理解を深めるためにも使えますし、個々の問題を解決するためにも使えます。

どちらの目的であれ、まず第1章と第2章を読んでください。みなさんがこれから使うテクニックをより効果的にするのに、この2つの章が参考になるはずです。その先の章では、とくに気に入った方法があったら、印をつけていくといいでしょう。また、それぞれの方法をうまく使いこなしていただくために、各章の終わりに「練習」を設けましたので、やってみてください。こうした方法をどのように利用するかは、みなさんの考え方や経験、さらに子どもの個性によって、変わってくると思います。

ある特定の行動を変えるためには、243ページにある問題解決の計画表を参考にして、そのステップどおりに進めてください。いろいろなアイデアが浮かんでくるでしょう。表を埋める答えが見つからないときは、説明の内容を参考にしてください。第2章の問題解決のステップをたどると、アイデアが浮かんでくるはずです。

こうしてあげたアイデアが、実際にうまくいくかどうか考えるときには、子どもの発達段階と性格だけでなく、みなさんの望む長期的な目標も頭にいれてください。子どもにすぐ身につけてほしいことと、長期的な目標とが食い違うことに気づくこともあると思います。たとえば、息子に料理や自分の身の回りのことなど、なんでも自分でできるようになってほしいと思っているのに、台所はいつもピカピカにしておきたい、といった場合です。

多くの親は、ひとり目の子どもにうまくいった方法が、つぎの子には通用しなかったとか、子どもが小さいときに効果のあった方法が、子どもが大きくなるにつれ、使えなくなったとかいう経験をしているでしょう。うまくいっていたものが効果を失うと、親はイライラして、そのやり方に問題があるのではないか、または子どもに問題があるのではないかと思ってしまいます。そのようなときには、問題解決表にもどり、ほかの可能性を探してください。親がいくつもの方法を知っていると、自分たちの要求にも、成長している子どもたちの要求にも合うような取り組み方を見つけやすくなります。

家族は、それぞれみな違います。そして、人もまたそれぞれ自分に合ったペースで成長していきます。みなさんの家族は、向かいの家族とは異なる要求をもっているかもしれませんし、異なる問題に直面するかもしれません。みなさんの子どもは、知り合いのどの子とも、異なる反応の仕方をすることもあるでしょう。親が思うより、またはほかのどの子より、神経が細い、扱いが難しい、頑固だということもあるかもしれません。

みなさんの置かれている状況がどうであれ、方法はたくさんあります。この本を使って、みなさん独自の、効果的で愛情にあふれた子育てのスタイルを作っていってください。

もくじ

はじめに……3

第1章 親が変われば子どもも変わる……13

ペアレンティングを支えるもの……15

自分にとって大切なものを知っていると、子どもにやさしく接することができる……17

子どもへの期待をはっきりさせると、いらない不安におちいらない……20

子どもの性格を知って、その子に合う接し方をする……23

接し方でここまで変わる――手を焼かせる子ども……25
接し方でここまで変わる――手のかからない子ども……29
親が、自分を気持ちよく受け入れていると、子どもに接するのが楽になる……33

第2章 問題を解決するための5つのステップ……49

ステップ1
あなたが問題だと思う子どもの行動をはっきりさせる……51
ステップ2
いつ、どこで、どんなことが起こるのかを観察する……53
ステップ3
どうしたらうまくいくか、アイデアをたくさん出してみる……59

ステップ4
どのアイデアがいいかを検討し、ひとつ選んで試してみる……61
ステップ5
あなたが実行した解決法を見直す……63

第3章 子どもとの衝突を上手に避ける……71

どんなときに悩まされるかを知って、上手にやり過ごす生活プランを立てる……73
子どもへの期待を、子どもにわかる言葉できちんと伝える……82
親も子どもも、自分の感情を知っていると、それだけで問題が解決することも……87
言ったことを途中で変えると、子どもは、親が何を望んでいるのかわからなくなる……98

第4章 子どものよいところを増やす……111

子どもはキスしてもらえなければ、その人を蹴とばすだろう……113

1日に15分、子どもと過ごす時間をとるだけで、子どもの心は落ち着く……119

よい行動を気持ちよく認めて、習慣づける……120

何がよかったのか、子どもに伝わるようにほめる……133

第5章 子どもに新しいことを教える……145

教え方を左右するもの……147

子どもは、まねをしながら身につける……151

いくつかの小さな目標に分けて、具体的に教える……154
忘れてしまったよい行動を思い出させる……161
子どもの力を借りて、もっとよい方法を見つける……165

第6章 今すぐ、子どものよくない行動を減らしたい……175

よくない行動を起こすわけ……177
お気に入りのもので、注意をそらす……182
言うことをきくように、手を貸す……185
よくない行動は、知らんぷりする……189

道具や場所を別のものに置き換えて、
よくない行動を受け入れられるものにする……192
子どもも親も楽になるように、
家の中を整える……195
子どもがとった行動の結果を、
子ども自身に引き受けさせる……199
タイム・アウトで、
子どもの気持ちを落ち着かせる……204
力で押さえつける方法を使う前に……211

第7章 ナンシーの悩み、アリスの悩み
すべての方法を使って問題を解決する……225
ナンシーの悩み
子どもが友だちにちょっかいを出すので困っています……227

アリスの悩み
朝出かける前になると、子どもがぐずって、時間どおりに出かけられません……234
おわりに……244
訳者あとがき……247

第1章

★

親が変われば子どもも変わる

この本は、親と子がともに過ごす時間を、双方にとってより楽しいものにする手助けをするためのものです。

人間関係の基本的な考え方のひとつは、あなたを変えられるのはあなた自身だけだということです。ただし、あなたが自分自身を変えるということは、人との関係も変えることになるので、相手も何かしらの対応をしなければならなくなります。子どもによい行動をとってほしいと思ったら、まずあなた自身の行動を変えることが必要です。それがペアレンティング（親のあり方）の基本です。

本書は、子育てに関する、先駆的ないくつかの異なる取り組み方、親業訓練（トマス・ゴードン[*1]博士による）や行動修正[*2]、交流分析[*3]、アドラー[*4]心理学とドレイカース[*5]心理学などの理論をもとにわかりやすく具体的な方法を紹介しています。

ここで紹介している考え方や方法はすべて、幼児や就学前の子どもに用いるのに有効です。どの例も練習もすべて、小さい子どもにこうしたスキルを使う方法を示しています。たくさんの方法が示されていますが、こうしたアイデアを自分のものにしていくには、あなたの考えや取り組みや体験が必要になります。

ペアレンティングを支えるもの

ペアレンティングは、三脚のようなものです。もっとも効果的にするためには、三脚のように3つのサポートが必要です。それは次の3つです。

●あなたが自分自身の価値観を知っていること
●子どもにふさわしい期待をすること
●自分を気持ちよく受け入れること

もしこのどれかが不足していると、三脚は使いものになりません。それぞれのサポートについて、簡単にみてみましょう。

まず親は、自分にとってまた子どもにとって、何がもっとも大切なのかを知っている必要があります。自分が何を望んでいるのかわからないと、原因もわからないまま不満を感じます。価値観を明確にすると、親は長期的な目標と短期的な目標とを区別しやすくなります。また、親がもし、自分の欲求をはっきりわかっていないと、それを手に入れるための計画を練ることもできません。

2つ目に、自分の欲求や価値観がわかったとしても、子どもが何をできるかにより、それを調整する必要があります。

子どもの行動というのは、同じ年齢であっても、子どもによって大きく違いますし、また同じ子どもでも年齢が異なると変わってきます。子どもにとって現実的な期待をかけないと、親はもともと不可能なことをしようとして、多くの時間とエネルギーを浪費するかもしれませんし、その過程で親子とも失望感を味わうことになるかもしれません。

最後に、親が自分自身を気持ちよく受け入れていると、より大きな効果をあげることができます。そのためには、前向きに取り組もうという気になることと、自分の楽しみのために時間をさくことが大切です。人は自分が楽しんで何かしているときには、周りの人を楽しくさせることも容易にできるものです。


本書は、7つの章に分かれています。各章ともひとつのテーマについての解説と練習を載せています。第1章では、3つのサポート・スキル、①あなたの価値観を知る、②自分の子どもに対して適切な期待をもつ、③自尊感情（自分を大切にする心）を育てる、について詳しく述べてあります。第2章は、難しい問題に取り組むときの方法のひとつを示しています。次の4つの章では、親と子がそれぞれ成長していくなかで、変化していく要求に応える、さまざまな方法を紹介しています。最後の章は、実際の問題を解決する助けとなるように、それまでの章で紹介したスキルを上手に組み合わせて使う方法を説明しています。

自分にとって大切なものを知っていると、子どもにやさしく接することができる

親は、自分にとって何に価値があるかを自覚し、それによって、子どもに何を期待するか、その価値観が子どもにいかに影響するかを知ると、より効果的にふるまうことができます。

子どもに対するあなたの目標を認識していると、子どもの行動に干渉すべきかどうかを決めるときに役立ちます。自分の価値観を知っていると、ある価値観が別の価値観と相いれないときに、その意味がよくわかるでしょう。たとえば、あなたの子育ての長期的な目標が子どもの自立であったとしても、今自分にとって都合のいいことをしたい、という短期的な目標をもっていると、2歳半の息子がスクランブルエッグを作るのを手伝いたいと言ったとき、躊躇《ちゅうちょ》するでしょう。

子どもがまだ小さいうちに、親が自分の考えを明確にしておくと、自分の考えどおりの行動ができるでしょう。とくに3歳未満の子どもは、模倣から学習するのですから。

人は、自分の大切に思うものにもとづいて考え、行動します。

一人ひとりが、自分のためにも、また人類全体のためにも大事だと感じることを、価値観と言ってもいいでしょう。ある価値を本当の意味で自分のものにするためには、それに従って行動しなければ

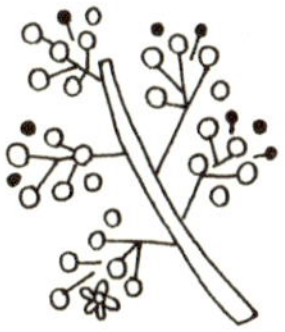

なりません。その価値に従うべきだと言うだけでは、または考えるだけでは十分ではありません。

大切に思うものは人それぞれ

価値というのは、個人的なものです。ある人にとって大切な態度や行動は、別の人にとっては、まったくどうでもいいものかもしれません。人は成長するにつれ、大切に思うものも変わってきます。新しい価値観を身につけていくにつれ、別のことがあまり重要ではなくなったりします。価値観の違いは、何人かの人たちが論争の的になっている話題について議論するとき、もっとも明確になります。

ここで、あなた自身の価値観について知っておくと役に立つでしょう。そのために2つの練習を載せました。ひとつ目は、子どもにどのような性格を望むかに焦点をあてています。2つ目の練習は、あなたが大切だと思う子どもの性格に順番をつけるためのものです。

⬇練習1－1　練習1－2

大切なものは時とともに変化する

この変化は個人の信念においても、またあなたが大事だと思う子どもの性格においても起こります。あなたが子どもに何を期待するかも、時がたつにつれて変わってくるのに気づくでしょう。

こうしたことが起こるのは、あなたが変わっていくからであり、子どもの年齢により、あなたの期待も変化するからです。1歳の子が好奇心にあふれていると、かわいいと思うかもしれないのに、5歳の子が同じことをすると、お行儀が悪いと思うかもしれません。また、1歳の子が「いやいや」と言って、向こうに駆けて行ってしまっても、3歳の子がするほどには腹が立たないかもしれません。

1〜2年に1回、練習1-2をやり直して、子どもに対するあなたの価値観が変わったかどうかを確かめると、役に立つでしょう。

価値観によっては、他の価値観と対立するものもある

あなたが選んだ子どもの特徴を見てください。どれとどれが、あなたにとっていちばん大切でしたか？　そのうち、他のものと相反するものがありますか？

その対立がはっきりしているものもあります。たとえば、質素と寛大さ、または従順さと自立心というようにです。しかし、対立がそれほどはっきりしていないものもあります。たとえば、好奇心と自制心、正直さと礼儀正しさ、だれからも好かれることと自分の信念を貫く、といったようにです。

相反する価値観は、はっきり説明してあげないと、小さい子どもを混乱させてしまいます。たとえば、娘に正直にするんですよと言っておきながら、割引をしてもらうために、その子の年齢をいつわったりしたら、子どもは倹約することのほうが正直さよりもっと大切なのだと思うでしょう。

もしあなたが、素直さと自立心の両方を大切だと思うなら、どういう点で素直であってほしいのか、またどういうときに自立してほしいのか、明確にする必要があるでしょう。たとえば、わたしの家庭では、次の2つの点では必ず親に従わせます。ひとつは健康と安全（「道に飛び出さないでね」）で、もうひとつは人間の命を尊重すること（「人を傷つけたりしてはいけません」）です。

子どもへの期待をはっきりさせると、いらない不安におちいらない

親になったばかりの人たちの多くは、今までに小さい子どもに接した経験がないか、あったとしてもほんのわずかの場合がほとんどです。自分に弟や妹がいた人でも、ベビーシッターをしょっちゅうしていた人でも、子どもがそれぞれの年齢で何をするか、覚えてはいないでしょう。赤ちゃんや幼児の場合は、とくにそうでしょう。

また、親にわかってほしいのは、子どもというのは発達段階（することのできるスキルの数）も、性格上の特徴（世界をどう見、どう対応するか）も、さまざまだということです。

子どもへのふさわしくない期待は、不安をもたらす

親というのは往々にして、子どもが自分の作った予定表に従う行動をしないと、イライラします。たとえば、あるお母さんは、11カ月の息子がまだひとりで歩こうとしないので、とても気にしていました。その子が「甘えん坊」になるのではないかと心配していたのです。子どものうちほぼ半数だけが、1歳までに自分で歩けるようになること、生後14カ月には、ほとんどの幼児がひとりで歩ける

ようになるので、それまでは何の心配もないことを知って、このお母さんはようやくほっとしたのです。

ですから、自分の子どもへの期待を明確にすることができれば、あなたが正しいかどうかを確かめるのも容易になります。練習1−3では、子どもが最初の5年間にできるようになるスキルについて、あなたがどれくらい知っているかをみてみます。

➡練習1−3

子どもの成長はそれぞれ違う

早くからおすわりのできた子は、歩きはじめるのもたぶん早いでしょうが、必ずしも言葉が早くから出るとはかぎりません（子どもは、新しいスキルを学ぶことに集中しているときに、ほかのスキルを「失う」ように見えることがよくあります）。

一般の発達段階表の問題点は、そこに示してある年齢が、ある行動が「初めて出現した」ときを指すのか、「平均的な子ども」ができるようになる時期を指すのか、「ほとんどの子ども」がそれをするようになる時期か、よくわからないことです。

章末にあげた発達段階表（38〜39ページ）には、いくつかの行動スキルに対し、「年齢の窓」というのを示してあります。窓は、子どもの25パーセントがそのスキルを示したときに始まり、50パーセントでグレーの部分になり、75パーセントでグレーの部分が終わり、90パーセントの子どもがスキルを身につけたところで終わります。

練習1‐3で、あなたが推測した年齢を見、それから発達段階表の75パーセントのレベルが示している年齢を調べ、自分の答えの隣に書いてください。

また、子どもがどのような行動をとるかとか、何をするかについて知りたかったら、親と幼児のためのクラスに出たり、幼稚園や保育園でボランティアとして働いたり、他の子どもたちを家に招いたりしましょう。

覚えておいてほしいのは、子どもたちの多くは、自分の家にいるときと、人の家を訪ねているときとでは、違うふるまいをするということです。ですから、子どもたちの発達レベルを判断するには、長期にわたり、観察する必要があるかもしれません。

あるスキルを完全に身につけるには、時間がかかります。子どもがあるスキルを始めたことに気づいたときから、それを子どもが完全に身につけるまでには、間隔があることが多いのです。また、あるスキルの発達と、「ペアになるスキル」との間にもずれがあります。

たとえば、子どもが階段を上がれるようになっても、それから2カ月くらいしないと、下りられるようにはなりません。また、箱の中身を空にすることはできても、そこに何かを入れることができるようになるには、時間がかかります。練習1‐4では、発達段階表上のスキルのうち、少し後になってからできるようになるペアになるスキルについて、焦点をあてています。

⬇練習1‐4

子どもの性格を知って、その子に合う接し方をする

子どもは一人ひとり、気質上の特徴が異なります。

3人の研究者、チェス[*6]、トーマス[*7]、バーチ[*8]博士は、9種類の気質を、子どもの行動様式を形作るものとしてあげています。対象となる子どもたちの気質を、定期的に観察した結果、それぞれの子どもが、独自の個性を示していたのです。

これらの気質は生まれつきのものかもしれないし、かなり早い時期に発達したものかもしれません。子どもたちが大きくなるにつれ、気質も変わっていくかもしれません。

ただし、博士らの研究によると、ほとんどの子どもたちは、小さいころに見せた気質の多くを、そのまままもち続けたそうです。それ以外の子どもたちは、行動様式に変化が起こりましたが、それは親の取り組みや特別な経験によるものと思われます。9種類の気質の特徴を、練習1―5で簡単に示してあります。

➡練習1―5

子どもの気質による影響

子どもが、いくつか特定の気質上の特徴をあわせもっていると、親が子どもを受け入れる際に、2つの面で影響が出ます。

ひとつは、ほとんどの親というのは、意識的にも、無意識的にも、自分の子どもにこうあってほしいという像を心の中にもっています。子どもはこうあるべきという、親のイメージに従って行動するような子は、そうでない子より、受け入れやすいでしょう。

もうひとつは、ある特定の性格上の特徴には、どの親であれ、確実に手を焼くということです。子どもが、感情のムラがある、なかなか適応しない、激しく反応する、否定的なムードになるといった場合、受け入れがたいものです。

生まれもった気質も変えることはできる

基本的な気質の特徴は変えられますが、何年も辛抱強く、一貫して対応する必要があるでしょう。25〜32ページには、チェス博士らの本から抜粋した2つの例を載せてあります。親の取り組みにより、「難しい」子も「扱いやすい」子も、いかにして変えることができるかを示しています。

接し方でここまで変わる——手を焼かせる子ども

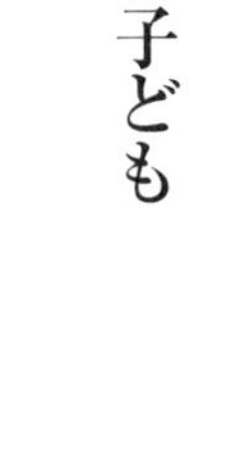

ジェーンとトミーは、それぞれの母親にいつも手を焼かせていました。

2人とも、好きなことと嫌いなことが、とてもはっきりしていて、ずっとだだをこね続けるか、うれしそうに笑ってニコニコするかのどちらかです。新しい状況には、たいてい拒否反応を示しました。日課がすこしでも変わると、そのたびに泣き叫ぶのです。2人が変化を受け入れるようになるには、とほうもなく長い時間がかかりました。

この他の点でも、この2人の赤ちゃんはとても扱いにくい子どもでした。何ごとも、日によって違うのです。昼寝の時間も、またどのくらい、いつ食べるかも、予測がつきません。実際、人や場所に対して2人がどのような反応をするのかも、日によって違うので、予想することもできませんでした。気性が激しく、機嫌が悪いことが多く、感情のムラがあり、適応するのも遅いのです。

ところが、この2人は、まったく違う育ち方をしたのです。

《ジェーンの場合》

ジェーンの母親は、いつでも辛抱強く、首尾一貫した態度で子どもに接していました。ジェーンが1歳のときも、2歳、3歳になっても、買い物のときにこれはだめと言われると、ジェーンは泣き叫び、暴れたものです。それでも、お母さんはけっして怒りを爆発させませんでした。忍耐強くジェーンを抱き上げ、レジで支払いをすませ、ジェーンに対してどなったり、文句を言ったりせずに、家に帰ったのです。

こうした取り組みはとてもうまくいっていましたし、近所の人たちも、ジェーンがそのすぐあとに、満足気に遊びはじめるのをたびたび目にして、驚いていました。適切な対応をすることにより、ジェーンは、気に入らないとすぐに泣き叫ぶのと同じくらい素早く、大騒ぎをしたのを忘れることができたのです。

大きくなるにつれ少しずつ、ジェーンはいろいろなことに適応できるようになっていきました。ジェーンが乱暴な反応をするたびに何度でも、親は、その場できっぱりとした一貫した態度でジェーンに対応したため、癇癪《かんしゃく》を起こすことも少なくなっていったのです。そのうちに、そうした反応も、一種の自己主張のように見えてきました。

幸いにも、近所の人たちも親戚の人たちも、ジェーンの親から対応の仕方を学んでいました。そのため、ジェーンが泣き叫ぶのは許しても、他人に迷惑をかけることはけっして許しませんでした。そして、ジェーンの気持ちがさっとよい方向に向くと、気持ちよく心から受け入れたのです。

《トミーの場合》

トミーも初めは、ジェーンと同じようなふるまいをしていました。しかし、トミーの親は、トミーに対し、ジェーンの親とはまったく異なる対応の仕方をしたのです。

最初から、親は、トミーには悩まされていると感じていました。子どもの行動パターンが、1歳を過ぎ、2歳を過ぎても変わらず、とうとう3歳になったとき、親はますますイライラしてきました。何もトミーを喜ばせることはできないようでした。親は絶えず、トミーを喜ばせようと努めていたのにです。

トミーの要求に、それが妥当なものであろうとなかろうと、親はいつも折れて、聞いてあげていました。お店でおもちゃを欲しがれば、ゴタゴタを避けるため、お母さんはいつもすぐに買い与えます。親がどんなにトミーを満足させようとしても、散歩でもお出かけでも、また遊んでいても、必ず大騒ぎになるのが常でした。

母親がトミーに甘いといっても、それには限りがありました。あるところまで我慢するのですが、それを越えると爆発してどなりつけてしまいます。

「あなたはいつもいざこざを起こすんだから。だれもあなたを満足なんかさせられないわ」と。

また、脅すようなこともたびたび言うのですが、言うだけで本当には実行はしません。

トミーの父親は、母と子のこうしたやりとりから、距離を置いていました。息子がちょっとでもぐずぐず言うと、勝手にしろと、放り投げてしまうのです。時がたつにつれ、トミーと父親のつながりはますます薄くなっていきました。

両親とも、トミーを喜ばせることも満足させることもできないと思いこむようになったのです。結局トミーは、自分の家だけにかぎらず、友だちと遊んでいるときも、学校でもそうなってしまいました。

接し方でここまで変わる――手のかからない子ども

グレッグもパミーも、「いい」赤ちゃんでした。よく眠り、新しい食べ物もほとんど何でもぐずらずに食べ、日課が変わっても、素早く、喜んで適応するのです。２人ともほどよく活動的で、遊び場でブランコに乗るのも好きだし、静かにお話を聞くのも好きです。車で長時間でかけるときも、お行儀のよい子どもの見本のようですし、新しい友だちともすぐなかよくなります。

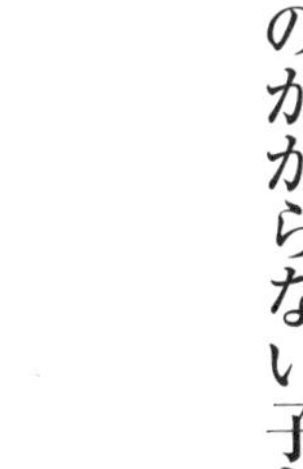

《グレッグの場合》

グレッグが3歳になるころには、近所の子どもたちと遊ぶようになり、友だちの家に遊びに行ったり、友だちが遊びに来たりしました。

当然起こってくる、おもちゃをめぐる格闘を解決するために、グレッグのお母さんとお父さんは明確なルールを作りました。するとグレッグはすぐにそれを受け入れ、従うようになりましたし、毎日の日課や経験も身につけていったのです。友だちに譲る必要があるときも、また自分のおもちゃだと主張していいときもあることを、グレッグは素早く学んでいきました。自分でもいろんな遊びのアイデアを持っていましたが、両親から教わったように、友だちのしたがる遊びも一緒に喜んでしたのです。

3～4歳児向けのクラスには通いませんでしたが、5歳で幼稚園に入ったとき、1日目の終わりには、グレッグはまるでもう何年も通っているように、すっかりなじんでいました。また1年生になると、学校の勉強でもめきめき頭角を現し、先生の言うことにも進んで従いました。

《パミーの場合》

パミーも3歳のときには、他の子どもたちとてもなかよく遊んでいました。いつもニコニコして機嫌がよく、すべり台で順番を待つことも知っていましたし、砂場でだれかに砂を投げるようなこともしませんでした。

パミーの両親は、グレッグの両親がグレッグを育てたのとは、まったく違うやり方で子どもに対応しました。お父さんもお母さんも、自分たちの子ども時代を、つらい時期としてしか思い出せませんでした。2人とも、何をしても、それではだめだと叱られてばかりいたのです。完璧でなければならなかったのです。そのため、自分たちの子どもには、こうしたつらい思いはさせたくないと、心に決めていました。

パミーが赤ん坊のころは、2人とも時間を惜しまずに遊んでやり、パミーの楽しそうなようすに、すっかり夢中になっていました。1歳になっても、ふつう親が教える「触ってはだめよ」とか、「積み木をしまうのを手伝って」とかいうことを、パミーの親はまったく教えませんでした。そう教えようと思うときがあっても、パミーのかわいらしさに、ついどうでもよくなってしまうのです。

パミーが、自分で描いた絵をお母さんに見せると、答えはいつも「まあ、なんてすてきなんでしょう！」でしたし、公園でお父さんに新しいことをして見せると、いつも変わらず「すばらしいね！」と言われるのでした。そのために、パミーは自分がすることは何でも他人を魅了するのだと思うようになったのです。

社会的に未熟であることは、一般的な適応能力にも影響を及ぼしました。というのは、この時期に受けた知能テストで、パミーは標準以下とされてしまったのです。検査をした心理学者には、パミーの点数が悪いだろうということはわかっていました。なぜなら、パミーはテストをゲームのようにしてしまって、何も言われたとおりにしなかったからです。ビーズを説明どおりにひもに通すようにと言われたとき、パミーはビーズについて「話し」はじめたのです。

「こういうビーズをわたしも持ってるわ。あなたはどのビーズがいちばん好き？」

幼稚園に通いはじめると、パミーは言われたことを理解したり、従ったりすることがなかなかできませんでした。小学1年生になるころには、遊びのルールをちっとも覚えないので、他の子どもたちがパミーと遊びたがらなくなってしまいました。

2年生になったとき、パミーは相変わらずかわいらしい子でしたが、ひとりぼっちになることが多くなっていました。愛想はよかったし、他の人を喜ばせようと思うのですが、どうしたら他人に受け入れられるのかわからなくなっていたのです。お父さんもお母さんも、パミーのすることを何でも、無条件に受け入れてきたため、パミーは他の人たちがルールを決めた場合、どうやってそれに合わせるかも、また、何かをマスターしたり責任感を身につけたりすることも、習得できなかったのです。

パミーの赤ちゃんぽさは、もうかわいくもなんともなくなりました。

親が、自分を気持ちよく受け入れていると、子どもに接するのが楽になる

ペアレンティングをサポートする三脚の3本目の足は、自己受容です。

どういうわけか、親が自分自身を気持ちよく受け入れていると、小さい子どもと接するのも、ずっとやりやすくなります。ほとんどの親は、太陽が外にも、また心の中にも差しているような、すばらしい日々を経験したことがあるでしょう。そんな感じでいられる日は、すべてがうまくいきます。

親にはたっぷりと時間があって、アリが歩道を歩いていくのを眺めたり、バッタを追いかけたりすることもできます。靴も手袋もすぐに見つかり、ミルクもこぼれません。きょうだい同士、驚くほどなかよく遊んでいて、親も少しの間、座ってリラックスしたり、本を読んだりすることもできます。親が気分のいいときには、目の前の状況にうまく対応するための、精神的な余裕をもっています。

すべての親は、うまくいかない日、つまり気分がよくなかったり、何かしなければというプレッシャーにさらされる、そういう日も経験しています。それは、子どもがミルクをこぼしたり、大声でどなり合ったり、きょうだいをからかってばかりいたり、出かけようとすると、靴が見つからなかったりする日です。親が沈んでいるときには、問題が起こっても、対応するだけの心の余裕がほとんどあ

りません。

わたしたちの多くは、いい日がもっとたくさんあったらいいなと思っています。気持ちのよい日を増やすもっとも簡単な方法は、自分の好きなことをするための時間をとることです。他の人のためだけに時間も気持ちも使い続けていると、わたしたちの心もすり減ってきて、忍耐心も寛容さもなくなってきます。

こうしたすり減った心を回復させるためには、友だちなどだれかに助けを求めたり、話を聞いてもらったり、または何か楽しいことをしたりすることが必要です。ここで2つの練習を入れてあります。あなたが何をしたいか、自分の時間をどう使いたいかについて考えるためです。

⬇練習1―6a・b

楽しいと思うことは、実は意外なことかもしれない

じっくり考えると何が必要かわかってきます。

たとえば、ある女性はひとりになることが必要だったのですが、自分ではそのことに気づいていませんでした。ひとりになる、という要求が満たされないために、子どもといるとイライラがたまっていきました。自分だけのために、時どきまとまって時間をとるようになってからは、彼女のイライラも減ってきました。

もうひとつのケースでは、あるお父さんは、子どもたちと何かするときに、自分の好きなことが何もないことに気づきました。そこで、自分の好きなことを、最低ひとつは入れることにしたのです。

自分のために時間をとる

親は、「自分が」やりたいことを、もうずっと前からしなくなっていることに気づくことがあるでしょう。ほとんどの人は、時どき自分ひとりでどこかに行き、楽しむ必要があります。それは、だれにもじゃまされずに2〜3時間、本を読むことかもしれませんし、もっと時間をとって日帰りのスキー旅行に行くことかもしれません。

親たち、とくに母親は、子どもを置いて、自分だけで楽しむことに罪悪感を感じることがあります。「よい母親」は、子どもから離れて、自分だけの時間を作ったりすべきではないと思っているのです。この「よい母親」というのは、人の想像の世界にしか存在しません。

親として現実的であるために覚えておいてほしいのは、子どもにやさしくするためには、自分にもやさしくする必要があるということです。自分の要求が満たされているときには、子どもの要求も満たしてあげやすくなります。子どもを楽しませたいと思ったら、まず自分が楽しむことです。

多くの人は、したいと思うことをすべてするには、時間が足りないと感じています。十分な時間がないかどうか決める前に、持っている時間の中で自分が何をしているか、チェックしてみる必要があります。練習1–7は、人がどうやって時間を使っているかを確認するひとつの方法です。自分の連れ合いや保育者にもこの練習をしてもらい、食い違いがあったらどうするか、話し合ってみてもよいでしょう。

➡練習1–7

どのように一日を過ごしたいか？

どうやって時間を過ごしているか、またどうやって過ごしたいのかを理解すれば、物事を変えていくことができます。なかには、すぐに進められるものもありますし、長期的な計画が必要なものもあります。

例として、練習1－7の例の親が、自分の時間をいかに配分し直せるかをみてみましょう。もし、夫ともっとゆっくり夜を過ごしたいのであれば、ほかのことに使う時間を減らす必要があります。いくつかのやり方から選んだ方法で、時間を再編成することができるのです。

食事の準備の時間を減らす（温めるだけのおかずを買う、一度に2日分の料理をするなど）とか、ひとりで読書や裁縫をする時間を減らし、その時間に食事の仕度をしてしまうとか、夫と一緒に出かけるときに、ベビーシッターを雇って、子どもと一緒にいる時間を減らすとかといったふうにです。

これらは、たくさんある可能性のうちの、ほんの3つの例にしかすぎません。

自分の時間を配分し直したいと思っている多くの人々にとって、大きな問題は子どもの世話です。良質の保育は、お金もかかりますし、見つけるのも容易ではありません。これらの限界を克服するためのひとつの方法は、共同保育グループに加入するか、自分たちで作るかすることです。

日中でも夜間でも、両方を組み合わせた時間帯でも、それぞれに応じた保育方法を考えてみるといいでしょう。

この章では、親としてどれだけ効率的に動けるかは、①自分の価値観を知る、②子どもの行動への期待、③幸せや自己受容の気持ち、などに影響されることをみてきました。これらはサポート・スキルです。どんなときも、子どもに対して直接使うことはできません。それでも、親と子のやりとりすべてにおいて、これらのスキルは影響を及ぼします。

次の章では、子どもの行動上の問題を変えるために、親が使うことのできる方法とスキルについてみていきます。

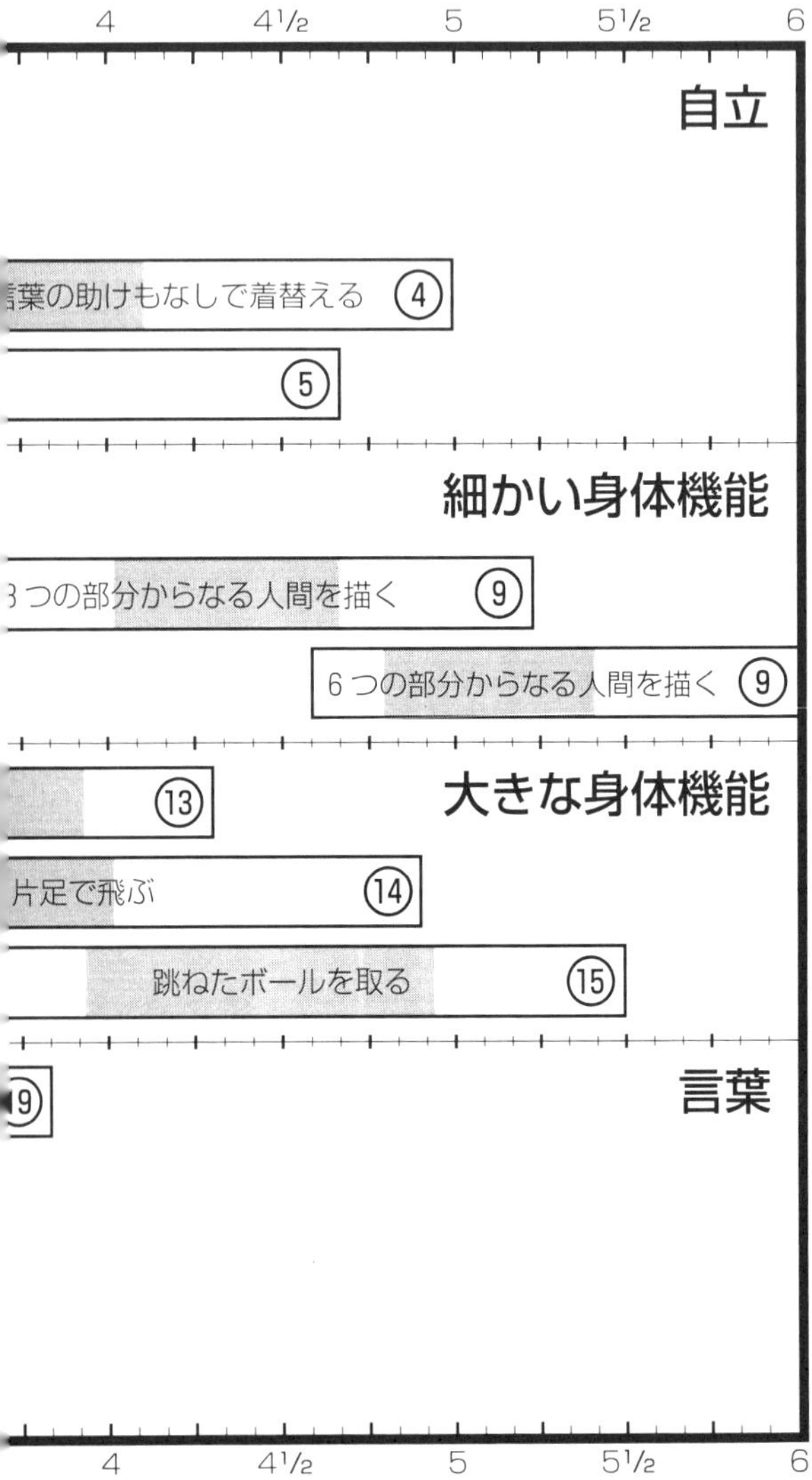
4
4 1/2
5
5 1/2
6
自立
葉の助けもなしで着替える ④
⑤
細かい身体機能
3つの部分からなる人間を描く ⑨
6つの部分からなる人間を描く ⑨
大きな身体機能
⑬
片足で飛ぶ ⑭
跳ねたボールを取る ⑮
言葉
⑨

発達段階表

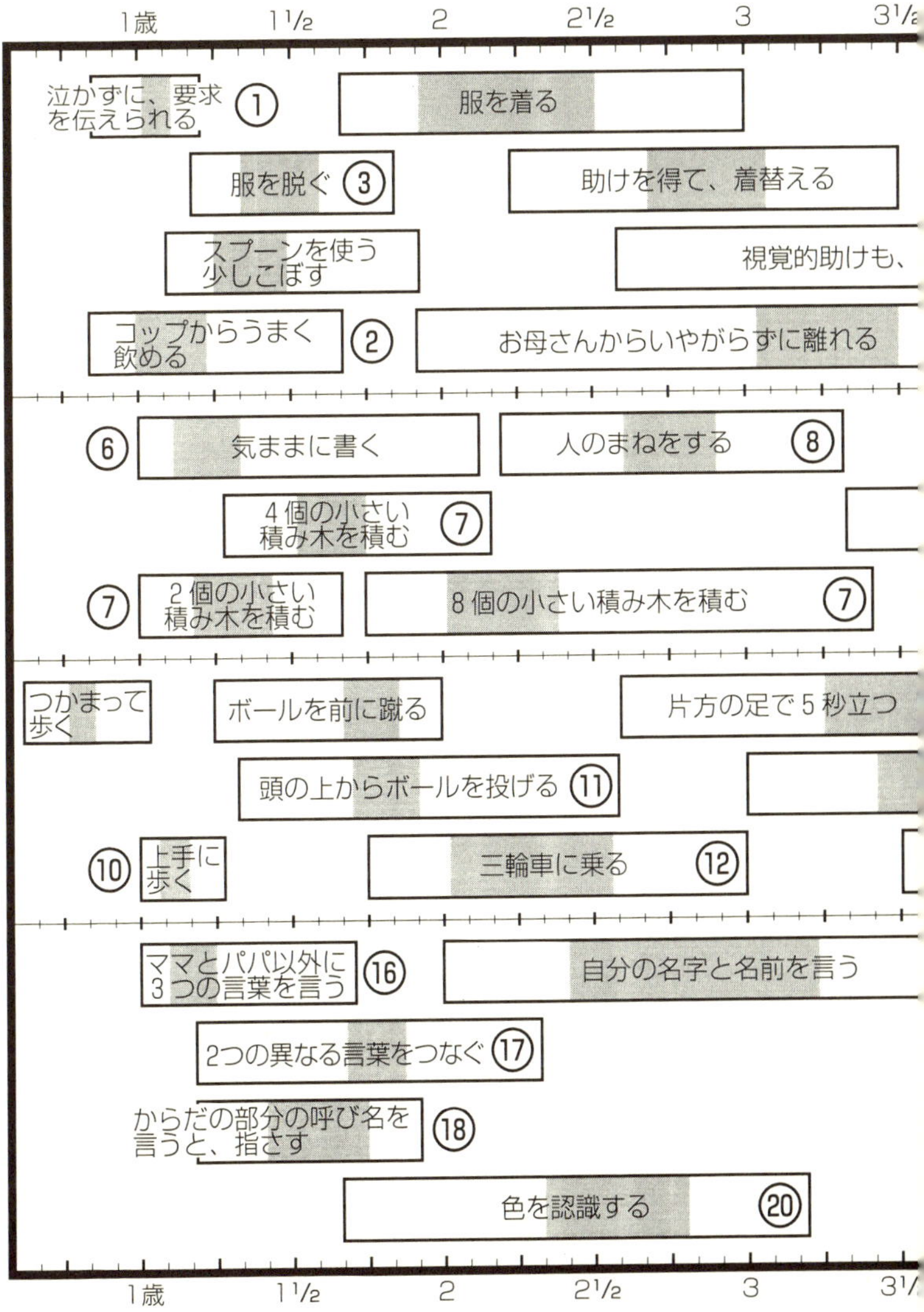
1歳
1 1/2
2
2 1/2
3
3 1/2
泣かずに、要求を伝えられる ①
服を着る
服を脱ぐ ③
助けを得て、着替える
スプーンを使う少しこぼす
視覚的助けも、
コップからうまく飲める ②
お母さんからいやがらずに離れる
⑥ 気ままに書く
人のまねをする ⑧
4個の小さい積み木を積む ⑦
⑦ 2個の小さい積み木を積む
8個の小さい積み木を積む ⑦
つかまって歩く
ボールを前に蹴る
片方の足で5秒立つ
頭の上からボールを投げる ⑪
⑩ 上手に歩く
三輪車に乗る ⑫
ママとパパ以外に3つの言葉を言う ⑯
自分の名字と名前を言う
2つの異なる言葉をつなぐ ⑰
からだの部分の呼び名を言うと、指さす ⑱
色を認識する ⑳
1歳
1 1/2
2
2 1/2
3
3 1/2

数えるとき、２つある部分はひとつとします（目や腕、足など）。

10. 大きな部屋の端から端まで、転んだり、左右にふらふらしたりせずに歩けますか？

11. 1.5メートルくらい離れた場所から、ボールを自分の頭上からあなたのおなか、または胸に向けて投げることができますか？（横からはダメ）

12. 少なくとも３メートルは乗れますか？

13. 片足で、どこにもつかまらずに、どのくらい立っていられますか？

14. 片足で、どこにもつかまらずに、数回飛ばせてみてください。

15. 小さいボールを両手だけで、取ることができますか？（テニスボールくらいの小さいもの）

16. 特定できる言葉、つまり、その言葉を言うたびに、同じ意味で使っているものが、３つありますか？（ママとパパ以外に）

17. 話すときに、２つの言葉をつなぐことができますか？　お水がほしいとか、ボールで遊ぶとか。（ありがとうとバイバイは、はいりません）

18. 自分のからだのどこか（髪の毛、目、口、腕など）を指すことができますか？　知らない人から聞かれたときにも、助けなしに答えることができるくらい、よく知っていなければなりません。

19. 自分の名字と名前を、助けなしにはっきりと言うことができますか？（もし、名前しか言えなかったり、はっきりと言えなかったりしたら、「まだ」です）

20. 次にあげる色をした、同じ物を４つ用意します。子どもに、次のような指示を与えてください。（「もの」のところを、実際の名称にしてください）
「赤いものを指してごらん、黄色のものを指してごらん、緑のものを指してごらん、青いものを指してごらん」

４つのうち３つまでは、助けなしに、または直しなしに正しくできましたか？

発達段階表の見方

長方形は、子どもの25パーセントがスキルを身につける年齢で始まり、90パーセントの子どもができるようになる年齢で終わっています。グレーの部分は、子どもの50パーセントがスキルを身につける年齢で始まり、75パーセントの子どもができる年齢で終わっています。丸で囲んだ数字は、下の追加説明をご覧ください。

年齢の窓

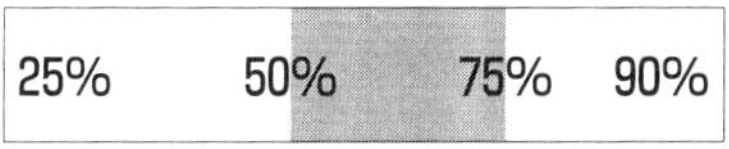

1. ぐずぐず言ったり、泣いたりしないで、したいことを伝えられますか？　指をさす、袖を引っぱる、楽しそうな声を出す、といったことでです。
2. 吸い口のない、ふつうのコップを使うことができないといけません。
3. 服には、パジャマやズボン、シャツがはいりますが、おしめや帽子、ソックスは含みません。
4. ボタンや留め金などをのぞき、自分でジーパンやシャツ、ワンピース、ソックスを着たり、はいたりできますか？
5. 知らない人やベビーシッターに預けられるとき、おとなしくしていますか？（泣いたりめそめそしたり、親にしがみついたりしない）
6. 紙と鉛筆を渡すと、進んで書きますか？（手を取って教えたり、手本を見せたりしなくても）
7. 一辺の長さがせいぜい2～3センチの積み木。5センチよりは小さいもの。
8. 円を描き、「これと同じようなものを描いてみて」と言います。輪が閉じていれば合格、ぐるぐる丸く描いたり、輪が閉じていなかったりしたら不合格。
9. 子どもに「人間の絵を描いて」と言い、それ以上は説明しません。欠けている部分について、尋ねたり、注意したりしてはいけません。

練習1-1 子どもの望ましい特徴は

あなたはたった今、養子の手続きをすませたところで、養子にしようとしているその就学前の子どもに、次のような特徴があると想像してください。次の各文章に対するあなたの反応を記入してください。

A：激怒　B：心配　C：まあまあ　D：満足　E：大喜び

あなたの子どもは、

____ 1．とても活動的。
____ 2．欲しいものは何でも得る。
____ 3．キャッチボールがうまい。
____ 4．容姿が美しい。
____ 5．だれにも笑顔を見せる。
____ 6．汚いのや乱雑なのを嫌う。
____ 7．「身体的な」活動を容易にこなす（走る、登る、三輪車に乗るなど）。
____ 8．いやな状況にあってもびくびくしない（医者の注射など）。
____ 9．何についても質問する。
____ 10．いろいろなやり方でやってみる。
____ 11．部屋を出るときは、いつも明かりを消す。
____ 12．欲しいと言われれば、だれにでもおもちゃを渡す。
____ 13．何が必要とされているかを知り、言われなくとも手を貸す。
____ 14．自分にとって不利なことでも、本当のことを言う。
____ 15．何でも自分でしたがる。
____ 16．知能が高い。
____ 17．だれであれ、言いなりになる。
____ 18．ほかの子が嚙みつくままにさせる。
____ 19．活動を中断されるのを嫌う。
____ 20．いつでもありがとうを言う。
____ 21．友だちから人気がある。
____ 22．毎晩お祈りをする。
____ 23．欲しい物があっても、手を出さない。
____ 24．保育園で悲しそうな子を慰める。
____ 25．おなかがすくと、だれからでもおやつをもらう。

練習1-2 子どもの特徴に順位をつける

次にあげた性格上の特徴に、順位をつけてください。(1)～(24)を、あなたにとってもっとも重要なものから並びかえてください。

これらの特徴は練習1-1にあるものと同じで、( )内の数字は練習1-1の番号にあたります。

(　　) 活動的、エネルギーにあふれ、いつも動き回っている。(1)
(　　) 負けん気が強い、競争心が強い。(2)
(　　) 運動神経がよい、スポーツが得意。(3)
(　　) 魅力的、外見がきれい。(4)
(　　) 陽気、機嫌がよい、人なつっこい。(5)
(　　) 清潔、きちんとしている、すっきりしている。(6)
(　　) バランス、身体的なバランスがとれている。(7)
(　　) 勇気、信念を貫く。(8)
(　　) 好奇心、探求心が強い。(9)
(　　) 柔軟、アイデアにあふれている、創造力に富む。(10)
(　　) 節約、資源やエネルギーを節約する。(11)
(　　) 寛容、人と分け合う。(12)
(　　) 親切、利他的。(13)
(　　) 正直、本当のことを言う。(14)
(　　) 自立、自主性がある。(15)
(　　) 知性、知的である。(16)
(　　) 従順、素直である。(17)
(　　) おとなしい、負けん気が強くない。(18)
(　　) 執拗、やりぬく。(19)
(　　) 礼儀正しい、行儀がよい。(20)
(　　) 人気者、友だちから好かれる。(21)
(　　) 信心深い、神を敬う。(22)
(　　) 自制心、自己抑制できる。(23)
(　　) 敏感、人の気持ちを思いやる。(24)

練習1-3 発達クイズ

ほとんどの子どもは何歳で、次にあげたそれぞれの特徴や能力を示すか考えてください。そして、あなたの答えを、38～39ページの発達段階表と比べてみてください。

		発達段階表
1．三輪車に乗る。	（　　）歳	（　　）歳
2．自分の名字と名前を言う。	（　　）歳	（　　）歳
3．４個の積み木を積む。	（　　）歳	（　　）歳
4．ママ、パパ以外に３つの言葉を言う。	（　　）歳	（　　）歳
5．自分で洋服を着る。	（　　）歳	（　　）歳
6．気ままに書きなぐる。	（　　）歳	（　　）歳
7．スプーンを使うが、少しこぼす。	（　　）歳	（　　）歳

練習1-4 発達のずれ

ペアになった２つのスキルができるようになる、平均的な年齢をあげてください。

1．服を脱ぐ。　（　　）歳
　　服を着る。　（　　）歳
2．つかまって歩く。　（　　）歳
　　ひとりでうまく歩く。　（　　）歳
3．助けを得て着替える。　（　　）歳
　　助けなしで着替える。　（　　）歳
4．年齢のずれがもっとも少なかったのは、何ですか？

5．年齢のずれがもっとも大きかったのは、何ですか？

練習1-5 性格上の特徴

あなたの子どもは、どのレベルですか？

1. **活動レベル**　本を読んであげているとき、テーブルについているとき、ひとりで遊んでいるときに、どのくらいもぞもぞしたり、動き回ったりしますか？

   活動的　　　　　　　　おとなしい

   |＿＿|＿＿|＿＿|＿＿|

2. **規則正しさ**　食事の時間、寝る時間、必要な睡眠時間、排便などが規則的ですか？

   規則的　　　　　　　　不規則

   |＿＿|＿＿|＿＿|＿＿|

3. **柔軟性**　予定や日課の変化に、どれほど速く順応しますか？　新しい食べ物や場所には、どうですか？

   素早く順応する　　　　ゆっくり

   |＿＿|＿＿|＿＿|＿＿|

4. **近づく／身を引く**　初めての人や、食べ物、おもちゃに接したとき、また新しい活動などに、ふつうどのような反応をしますか？

   まず近づく　　　　　　身を引く

   |＿＿|＿＿|＿＿|＿＿|

5. **身体的な敏感性**　小さな物音や、温度のわずかな違い、味の違い、服装の違いなどに、どれほど敏感に反応しますか？

   それほど敏感でない　　とても敏感

   |＿＿|＿＿|＿＿|＿＿|

6. **反応の激しさ**　反応の仕方は、どのくらい強いですか、激しいですか？　大きな声で笑ったり、泣いたりしますか？　それとも、にっこりしたり、少しぐずぐず言ったりするくらいですか？

   激しい　　　　　　　　穏やか

   |＿＿|＿＿|＿＿|＿＿|

7．気が散る　すぐに気が散るほうですか、それともじゃまされても無視するほうですか？　何か物音がしても、ほかの子どもたちがいても、そのままやり続けたり、遊び続けたりしますか？

とても気が散る　　　　　　気が散らない

8．機嫌がよい／悪い　機嫌よく、楽しくしているときと、泣いたり、ぐずぐずしたりするときの割合は、どうですか？

機嫌がよい　　　　　　　　機嫌が悪い

9．粘り強さ　ひとつの活動を、どのくらい続けますか？　難しくてもそれを続けようとしますか？

長時間集中する　　　　　　短時間しか集中できない

練習1-6a わたしの好きなこと

あなたが大好きなことを10個あげてください。
たとえば、こんなことです。

＊好きな友だちと一緒に何かすること。
＊好きな場所で何かすること。
＊好きな持ち物を使って何かすること。
＊各季節に何かしたいこと。

1.	(　　)	月	日
2.	(　　)	月	日
3.	(　　)	月	日
4.	(　　)	月	日
5.	(　　)	月	日
6.	(　　)	月	日
7.	(　　)	月	日
8.	(　　)	月	日
9.	(　　)	月	日
10.	(　　)	月	日

練習1-6b 好きなこと、続き

練習1-6aを見直し、それぞれに次のマークをつけてください。

①－ひとりでしたいこと。
②－他人と一緒にしたいこと。
③－子どもと一緒にしたいこと。
④－するたびに、1000円以上かかる活動。
⑤－危険性（身体的、感情的）をともなう事柄。
⑥－ベビーシッターを雇う必要のあること。

それぞれの答えのあとに、その活動を最後にした日を入れること。
答えのパターンを見て、何か驚いたことがありますか？　あれば書いてみましょう。

練習1-7 時間の輪

例：次の円は１日24時間を表しています。円の中の各部分は、１人の親が、典型的な１日を過ごすときに費やす時間です。

睡眠――７時間半
育児――６時間
家事――２時間半（料理や洗濯など）
仕事――３時間
ひとりだけの時間――２時間半（読書や裁縫）
人とのつきあい――１時間（電話や連れ合いと）
その他――１時間半

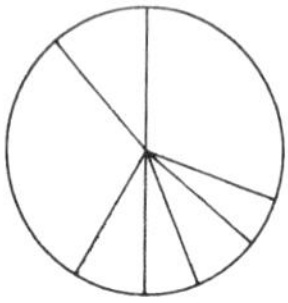

1．あなたは典型的な１日をどう過ごしますか。
　円を各部分に分けてください
　（ひとつが２時間にあたる）。
　次に２に進んでください。

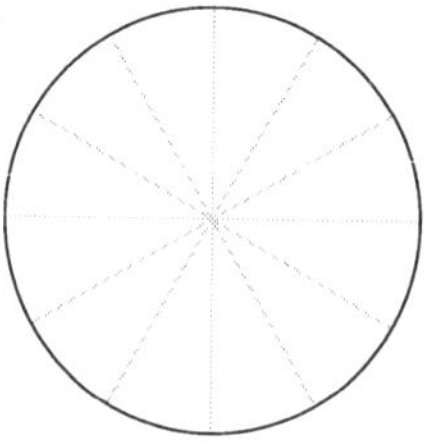

2．今度は、あなたの理想とする時間の輪を作ってください。各部分をどのくらいの大きさにしたいと思いますか？　それから、質問に答えてください。

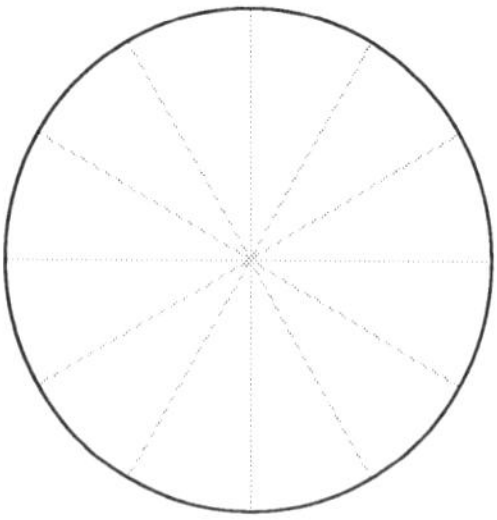

各部分の大きさを、どうやって変えていくことができますか？

そのために、明日、または来週、何ができますか？

第2章

★

問題を解決するための5つのステップ

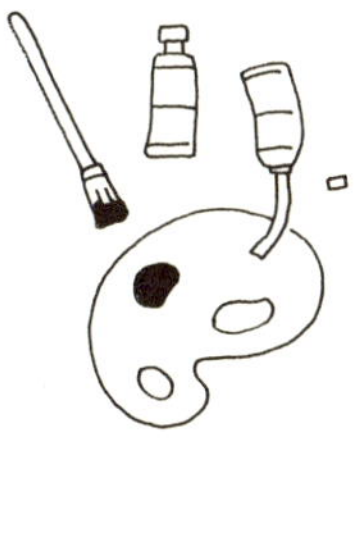

問題が発生すると、多くの親はそれにすぐ飛びつき、思いついた最初の方法で解決しようとします。そうしたやり方は、問題をその場で解決するかもしれませんが、それにかかわる人たちを、イライラさせることが多いのです。そんなふうに問題を解決しても、それは目先の解決でしかなく、根本的な解決にはなりません。

たとえば、親がすぐに割りこんで、子どものために問題を解決してやると、子どもが自分で問題を解決する機会をうばうことになります。次に同じような問題が起こったときに、子どもはおそらく、親が問題を解決してくれるだろうと期待するでしょう。

この章では、行動上の問題を解決するための5つのステップを紹介します。

1　何が問題なのかを行動面から明確にする
2　情報を集める
3　アイデアを考える
4　アイデアを検討し、そのうちのひとつを実行する
5　実行した解決法を見直す

最初は、こうしたステップはめんどうくさく、時間もかかるかもしれませんが、長い目でみれば時間を節約することになります。なぜなら、同じ問題に何度もかかわらなくてすむからです。どんな問題にもこのステップを用いる必要はありません。しかし、受け入れがたい行動がしつこく続いたり、とくにひどい場合は、とても役に立つはずです。

ステップ1

あなたが問題だと思う子どもの行動をはっきりさせる

問題を行動面からはっきりさせるというのは、子どものどういう言動があなたの気に障るのか、はっきりさせるという意味です。問題を十分に明確にして、だれか別の人でもその子の問題のある行動を見て、何回そうした行動が起こるか数えることができるくらいにします。

一般的な言葉（「悪い」とか「いじわるな」など）や、性格上の特徴（「怠け者」「乱暴」「無責任」など）は、使うのを避けます。

否定的な言葉を使うと、子どもが親から貼られたレッテルを信じ、そういうふうに行動しはじめる危険性があります。そうではなくて、どういう行動が「いじわる」で「乱暴」だとあなたが思うかを、具体的に述べてください。

次の2つの例は、あいまいな言い方と、それをできるだけ具体的な行動に言い直したものです。

あいまいな言い方1

1歳になるわたしの子は乱暴です。

できるだけ具体的に言い直したもの

a　わたしのメガネをつかみます。
b　おばあちゃんに、さよならって手をふりません。
c　隣の人に、べえっと舌を出します。

あいまいな言い方2

2歳半になるわたしの子は、怠け者です。

できるだけ具体的に言い直したもの

a　自分の人形をいつもわたしに探させます。
b　いつも抱っこしてもらいたがります。
c　いくら言っても、部屋を片づけようとしません。

どちらの場合にも、さらに多くの具体的な問題行動がありえますが、人によって見方が違うので、それらすべてを問題のある行動だと決めつけるのは性急です。どの行動が受け入れがたいか、具体的に決めるのは、難しいことが多いのですが、そうできると、問題ははるかに対応しやすくなります。

⬇練習2―1

ステップ2

いつ、どこで、どんなことが起こるのかを観察する

子どもの行動が、問題だと思われるような段階まで達したとき、親はその行動がいつも起こっていると思いがちです。そこで、情報収集が役立つのです。

覚えておくといいのは次の3つの点です。

1 **その問題が起こる正確な頻度**

2 **問題の内容**

3 **その子の、またはその子たちの発達レベル**

この3つについて、これからみていきましょう。

その行動はどのくらい起こるか

ある行動が起こる頻度を調べるには、特定の時間（何分か何時間、または何日）を決めて、子どもを観察し、その間にその行動が何回起こったかを記録すればいいのです。幾度かやってみて平均をとるほうが、1回だけの結果を使うよりももっと正確になります。

この記録は次の2つの理由で有益です。

●これにより、親はもっと客観的に、どのくらい頻繁にその行動が起こっているかを知ることができる。

●これにより明確な基準ができ、親はそれに合わせて、子どもの変化を評価できる。

たとえば、前述のステップ1（51ページ）の子どもが、乱暴なことをする回数を記録した結果、子どもがお母さんのメガネをつかんだのは、実際には1日に1回だということがわかるかもしれません。母親が、子どもへの対応の仕方を変えたところ、子どもは日に3回も4回もメガネをつかむようになったとしたら、問題を減らすどころか、むしろ増やしていることに母親は気づくでしょう。

特定の行動の回数を記録することは、こうして結果を検討するのに役立つのです。

どんなことが起こるか

受け入れがたい行動の内容を観察することも役に立ちます。

内容のなかに、その行動がいつ、どこで起こるか、他にだれが関係しているかも含めるといいでしょう。問題の内容を理解することにより、親はその状況にどう対処したらいいか、ヒントを得られることが多いのです。

たとえば、噛みつくことは次の2つの理由のどちらかで起こりがちです。

◎子どもの歯がはえてきていて、何かを噛みたいと感じている。

◎自分が欲しいと思うものを手に入れる手段として、噛みつくことを使っている。

最初のケースでは、何か、噛めるものを与えることができます。次のケースは、自分のしたいことをやり通したり、怒りを表したりするのに、その子はもっと適切な方法を学ぶ必要があります。

子どもは、あなたが望む行動ができる年齢か

あなたが子どもにしてほしいと思う行動を、子どもができるようになっているか、発達段階をチェックしてください。子どもにとって何が可能で、何が特徴的かは、最初の4年間に劇的に変わります。それぞれのスキルができるようになるまでには、やろうとしてもうまくできない期間が長く続くということを覚えておきましょう。1歳の子が、スプーンを上手に使えるとしたら、それはとても珍しいことです。ところが、2歳になるころには、ほとんどの子どもがスプーンを使えるようになります。同様に、ほとんどの子どもは、2歳までには服を自分で脱ぐことができるようになりますが、簡単な服を自分で着られる子は4分の1しかいません。4分の3の子どもたちが、ひとりで服を着られるようになるのは、4歳になってからです。

親が子どもの発達段階を理解していれば、これまでに述べたいくつかの問題行動に、もっとうまく対処できていたでしょう。次に51ページの具体例をもとに例を示します。

【例1a】ほとんどの赤ちゃんは、とても好奇心が強いものです。メガネや口ひげ、あごひげに手を

伸ばしてくることが多いでしょう。とくに、それが何だかよくわかっていない場合はそうです。もし好奇心や知的発達を、子どもの大事な特性だと思うなら、好奇心をつぶさないようなやり方で、問題に対処する必要があります。

【例2a】 2歳になると、ほとんどの子どもたちは、簡単で具体的な命令や要求には、従うことができるようになります（たとえば、「本を持ってきてちょうだい」「お人形をあそこに置いてね」などです）。部屋全体が乱雑だと、幼児には、どのおもちゃをどこにしまえばいいか、なかなかわからないでしょう。

子どもを片づけに協力させるためには、そのごく一部だけを任せることから始めればうまくいきます。たとえば、「トラックをこの箱に入れてね」と言ってください。そうすると、子どもはどのトラックから始めればいいか決めるだけですむからです。

➡練習2-2

だれが問題を抱えているのか

だれが問題を抱えているかを判断しましょう。トマス・ゴードン博士は、親のための効果的なトレーニングについての本のなかで、問題の所有ということについて説明しています。これは、「だれの要求が満たされていないか」により、行動を3つに分類するやり方です。次の3つの例のなかで、これがどういうことかみてみましょう。

＊子どもが問題を抱えている場合

2歳の娘が自分の部屋でおもちゃのダンプカーで遊んでいて、泣き出します。うまく動かせないからです。部屋のドアは閉まっているので、娘が何かに動揺していることはわかりますが、親のわたしは直接じゃまをされているわけではありません。子どもが問題を抱えています。なぜなら、その子の要求が満たされていないからです。わたしの要求は目に見えるかたちでは、じゃまされていません。

＊問題がない場合

次に、娘はダンプカーをうまく動かせるようになり、あちこちに動かしています。自分の部屋から積み木を乗せてきて、居間の床に下ろします。娘は楽しそうにダンプカーで遊び、わたしはそれを喜んで見守ります。2人の関係には問題がありません。子どもの要求も、わたしの要求も満たされているからです。

＊親が問題を抱えている場合

ついに、娘は積み木を乗せるのに飽きて、外に行き、砂を持ってきます。そして砂を居間の床に落とします。わたしは、床に砂があるのはいやです。わたしがこの問題を抱えています。子どもの要求は満たされているのですが、その子の行動が、わたしの要求に明らかに相反するのです。

ある行動を、この3つのどれかに入れる場合、どこに入れるかは人によって変わってきます。たとえば、マークが居間でスクーター（訳注　子ども用のハンドルつきの片足で乗るスケートボード）に乗ると、彼の「母親」が問題を抱えていることになります。なぜなら、家具がまだ新しくて、マークが家具に傷をつけるのではないかと、心配だからです。メアリーおばさんのところでスクーターに乗るのは問題ありません。家具は古いし、部屋も広いからです。ところが、別の人の家では、部屋が狭くて、子どもがスクーターを乗り回せないとすると、それは子どもの問題になります。

練習2－3の状況を読んで、「だれ」が問題を抱えているか決めてみましょう。

➡練習2－3

どういう解決法を選ぶかは、だれが問題を抱えているかによります。

子どもが問題を抱えているときに、問題に対処するためのもっとも効果のある方法は、能動的に聴くことです（88ページ）。とくに子どもにとって自立と責任感が大切だと思うなら、そうです。能動的に聴くことは、子どもに手を貸しますが、自分の問題をコントロールしたり、責任をもったりすることは、あくまでも子どもに任せます。

もし親が問題を抱えているなら、3つの代替案があります。

ひとつ目は、あなた自身が変わることです。自分の価値観や、子どもの発達に関する期待や要求を見直して、子どもの行動を受け入れられるものとして再定義できないか考えてみます。

2つ目は、状況を変えること（195ページ）です。より受け入れやすい行動が起こる可能性を増やすためです。

3つ目は、子どもの行動を変えることです。これは、わたしメッセージ（95ページ）や、第3、4、5章で示してある方法などを使って、あなたの要求と感情を説明することでできます。

ステップ3

どうしたらうまくいくか、アイデアをたくさん出してみる

解決法を出すときは、真面目なものでも、気楽なものでもどんどん出してかまいません。どちらにしても、できるだけ多くのアイデアを出すことです。

わたしの経験によると、最初に思いつく4つか5つの解決法は、親の頭にすでにあったものが多く、もっとも創造的なアイデアは、こうした案が出終わってから頭に浮かんでくるようです。

アイデアを出すことと、それを検討することは、切り離してください。

ある人たちは、アイデアを出してもすぐに拒否してしまい、可能性を限定してしまいます。うまくいかない、時間がかかりすぎる、お金がかかりすぎる、といったことが「わかっている」からという理由でです。

実際には、それぞれの状況で、あなたができることはたくさんあります。そのアイデア自体はよくなかったり、実用的でないとしても、それがきっかけで、すばらしいアイデアが見つかることもあります。

アイデアを出すときは、解決のためというより、自分の要求は何かと考えたほうが、やりやすくな

ります。

たとえば、1歳2カ月の子どもが、本棚から本を取り出してしまうとしたら、ひとつの解決法は、その子が本に触ったらおしりを叩くことでしょう。しかし、あなたの要求は、本をめちゃくちゃにされたくないということのはずです。そうした要求という観点で考えると、本をもっと上に移すとか、本棚の前にさえぎるものを作るとか、子どもに本をていねいに扱うように教えるとか、子どもに自分の本でするように言うとか、いろいろ考えられます。それぞれの案を、いくつかの方法で試してみると、アイデアがさらに増えることになります。

あなたが抱えている問題をひとつ取り上げ、あなたの要求を見きわめ、アイデアをたくさん出してみましょう。そのうちのいくつかは、とても実行できないかもしれませんが、それでもかまわないのです。

➡練習2―4

ステップ4

どのアイデアがいいかを検討し、ひとつ選んで試してみる

さあ今度は、アイデアのリストの中から、お金がかかりすぎるとか、時間がかかりすぎる、子どもの自尊感情を傷つける、自分の価値観と相いれないといったものをのぞきます。

理想的には、選択した解決法が、その問題にかかわるすべての人（親も子も）の要求を満たすものであるべきです。

解決法の中で、「時間がかかりすぎる」「うまくいくはずがない」とはずしたものも、もう一度よく検討してみる必要があるかもしれません。時間がかかりすぎるとされたアイデアでも、後には時間を節約することにつながる場合もよくあります。

たとえば、子どもに自分で服を着ることを教えるのは、時間がかかるかもしれませんが、結果として、日に15分、1年で90時間、得することになります。

また、このアイデアは「うまくいくはずがない」と親が決める場合、子どものものの見方が、大人と同じだろうと思っているから、そう考えたのかもしれません。

たとえば、クッキーを2つほしいと言った子が、1個のクッキーを半分に割ったのをもらって、喜

んで受け取った例を、わたしは何度か見たことがあります。

そんなことでうまくいくはずがない、と母親は思っていたのですが、小さい子どもは、それぞれの手にクッキーを持ちたいだけなのです。実際に2つに割っているところを見ない限りは、子どもは両手にクッキーを握れば、十分満足します。

子どもに対応するときに多くの問題が起こるのは、親が、問題を明確にする、子どもへ期待しすぎていないか考える、たくさんのアイデアを出すといったことをしないで、すぐに解決しようとするからです。他に方法がないとか、自分は何でもいちばんよくわかっているなどと思ってしまうからです。

ステップ5

あなたが実行した解決法を見直す

大事なことは、実行した解決法をふりかえってみることです。もしうまくいったら、よくやったと自分をほめましょう。そうでなければ、もう一度トライしてください。

あなたが選んだ方法がうまくいったかどうかは、すぐにわかるでしょう。なぜなら、受け入れがたい行動がなくなるか、減るかの結果になるからです。

もしうまくいかない場合は、ステップ1にもどり、もう一度最初からやり直してください。それでうまくいったらメモしておいて、その方法をもう一度、違う問題にも試してみてください。

今あなたが抱えている問題について、具体的に問題解決の計画を立ててみましょう。各ステップについては、練習2−5に簡単にまとめてあります。

➡練習2−5

練習2-1 何が問題なのかを明確にする

次の文章を読み、問題を行動面から特定する言い方をして、あいまいな記述を置き換えてください。

A．マシュー（2歳半）は泣き虫です。わたしがどこかに行こうとすると、泣いて、わたしにしがみつき、大騒ぎになります。このあたりでは、いちばんの甘えん坊です。

B．メリー（3歳）はいつもだらだらとしています。着替えるときも、わたしがすぐそばについていない限り、ちゃんとしません。わたしがその場を離れると、本を見たり遊んだりしてしまうのです。メリーに仕度をさせ、9時までに職場に着くようにするのは、いつも大変です。

C．マーガレット（1歳半）は、不器用で何もうまくできません。エイミーのように、4個の積み木を積むこともできないのです。そうしようとしても、積み木が倒れてしまい、マーガレットはぐずって泣いてしまいます。

練習2-2 発達のレベル

練習2-1のなかで親が望んでいるような能力を、ほとんどの子ども（75パーセント）が身につける年齢を、見つけてください。発達段階表は38ページにあります。

A．マシュー、母親から容易に離れられる。（　　　　　）
B．メリー、助けなしに着替える。（　　　　　）
C．マーガレット、4個の積み木を積める。（　　　　　）

練習2-3 だれが問題を抱えているか

次の状況（練習2-1より）を読んで、だれが問題を抱えているか、どのような要求が満たされていないかを決めてください。

A．泣いている子を抱えた親

「マシュー（２歳半）は泣き虫です。わたしがどこかに行こうとすると、泣いて、わたしにしがみつき、大騒ぎになります。このあたりでは、いちばんの甘えん坊です」

だれが問題を抱えていますか？

どのような要求が満たされていませんか？

B．なかなか着替えない子を持った親

「メリー（３歳）はいつもだらだらとしています。着替えるときも、わたしがすぐそばについていない限り、ちゃんとしません。わたしがその場を離れると、本を見たり遊んだりしてしまうのです。メリーに仕度をさせ、９時までに職場に着くようにするのは、いつも大変です」

だれが問題を抱えていますか？

どのような要求が満たされていませんか？

C．イライラしている子を持つ親

「マーガレット（１歳半）は、不器用で何もうまくできません。エイミーのように、４個の積み木を積むこともできないのです。そうしようとしても、積み木が倒れてしまい、マーガレットはぐずって泣いてしまいます」

だれが問題を抱えていますか？

どのような要求が満たされていませんか？

練習2-4 解決法を提案する

練習2-1（64ページ）の状況からひとつ選び、満たされていない要求を探し、いくつかの解決法を提案してください。
A. マシュー、B. メリー、C. マーガレット

問題

満たされていない要求

可能な解決法

1 --

2 --

3 --

4 --

5 --

6 --

7 --

8 --

9 --

10 --

練習2-5 あなたの問題を考える

あなたが悩んでいる問題をひとつあげ、次の指示に従って考えてみましょう。

1．**何が問題ですか？** 問題を、行動の面から特定します。

2．**情報を集めます。**

A．その行動はどのくらいの頻度で起こりますか？

B．その行動がもっとも起こりやすいのはいつですか？（場所、時、それに関係する人たち）

C．あなたの子どもの年齢では、その問題は一般的ですか？

D．だれの問題ですか？
だれが問題を抱えていますか？

満たされていない要求は何ですか？

3．**アイデアを出してください。**

4．**検討と選択**
アイデアを検討します。だれにとっても、いちばんよい案はどれですか？ それを実行するための計画を練ります。

5．**見直し**
もし問題が続くようなら、次にどの案を選びますか？
それは、うまくいきましたか？（解決法を検討します）

練習の答え

練習2-1

A. マシューは、わたしがいなくなると泣きます。
B. メリーは、着替えるときに、わたしにそばにいてもらいたいのです。
C. マーガレットは4個の積み木を積むことができません。

練習2-2

A. 75パーセントの子どもが、親から容易に離れられるようになるのは、3歳半。
B. 75パーセントの子どもが、助けなしで着替えられるようになるのは、4歳。
C. 75パーセントの子どもが、4個の積み木を積めるようになるのは、1歳8カ月。

練習2-3

＊次にあげるのは、考えられる答えです。あなたの回答は、あなたが親の要求と子どもの要求をどうとらえるかにより、かなり変わってくるでしょう。

A. マシューの問題　母親がちゃんとそばにいてくれるのを、必要としています。
または、
親の問題　うるさいのに悩まされています。

B. メリーの問題　着替えるのに、時間を必要としています。
または、
親の問題　時間どおりに家を出る必要があります。

C. マーガレットの問題　やろうとしていることができません。
または、
親の問題　マーガレットがぐずぐず言ったり、泣いたりするのを聞きたくありません。

練習2-4

＊これは、着替えるのが遅いメリーのための、考えられる答えです。あなたの答えは、あなたが選ぶ状況によっても、とらえ方にもよっても変わってくるでしょう。

問題　メリーは、ひとりで着替えるのに時間がかかります。
要求　親は職場に時間までに行く必要があります。

解決法（解決法を出すときには、自分が受け入れられるものだけに限らないでください）

1．親は仕事に行く時間を遅くするが、起きる時間は同じにする。
2．メリーを早めに起こし、着替えにもっと時間をかけられるようにする。
3．メリーをパジャマのまま、ベビーシッターのところに連れていく。
4．時間までにひとりで着替えられたら、本を読んであげる。
5．親がメリーを着替えさせる。
6．時間どおりにできたら、朝ごはんに何かおいしいものをあげる。
7．服を着たまま寝かせる。
8．親が着替えるときに、親の部屋で一緒に着替えるようにさせる。
9．朝食を作っているときに、台所で着替えるようにさせる。
10．隣の家で着替えさせる。

第3章

★

子どもとの衝突を上手に避ける

親が抱える悩みやイライラの多くは、はっきり、正直に子どもに伝えること、計画を練ることで避けられます。これは、子どもが赤ん坊のときでも、就学前の年齢の子に対してするのと同じようにできます。

子どもとの争いの頻度と程度を減らすためのルールが4つあります。

1　あなたが何をしているか、何をしたいのか、事前に十分に計画を練る
2　あなたの要求を明確にする
3　それにともなうすべての感情を整理する
4　あなたの決定をやりぬく

どんなときに悩まされるかを知って、上手にやり過ごす生活プランを立てる

事前に計画を練ることとは、何度もするうちに簡単にできるようになります。

子どもというのはだれでも、赤ちゃんから10代にいたるまで、周りの人をイライラさせるようなときがあったり、イライラさせる行動をしたりするものです。ぐずぐず言ったり、寝るのをいやがったりする子もいれば、おもちゃを他の子に使わせなかったり、大人の注意を引くために不適切な要求をしたりする子もいます。

どういうとき、またはどういう状況のときにそうなるかを予想できれば、あなたと子どもの双方の要求を満足させるように計画を練ることができます。子どもを退屈させないための活動の計画や時間の調整、次の行動へ移る計画、これから起こることの事前予告などです。こうした可能性について、ひとつずつこれから考えてみましょう。

子どもが退屈しないように準備する

子どもというのは退屈すると、よくぐずったり不当な要求をしてきたりします。子どもが退屈する

のは、子どもの発達段階に適した活動をしていないか、自分が夢中になれる活動を見つけることができないために起こります。退屈しないようにするための方法は、その原因によって違ってきます。たとえば、車でどこかに出かけるときや、子どものいない友人を訪ねるときに、子どもが退屈するのであれば、解決するのは比較的簡単です。子どもが喜ぶようなおもちゃを持っていくか遊びを準備してください。場合によっては、「お出かけ用」の特別なおもちゃを用意するといいでしょう。ただし、それは子どもが好きなもので、出かけるときにだけ使うことになっているおもちゃです。

子どもができる活動を事前に計画しておくのは、長時間のお出かけにも、また買い物のような短時間のお出かけにも役立つでしょう。子どものための活動やおもちゃを紹介するような本が、たくさんあります。そのほとんどが、図書館や書店で手に入ります。まず図書館で何冊か借りて、どれがいいか見て、それから手元に置いておくのにいいものだけを買うといいでしょう。

もし子どもが、活動の機会はあるのに、自分でそれを見つけられないために退屈しているとすると、問題はもっと複雑です。親によっては、子どもを親やテレビへ依存させることで、知らずにこうした状況を助長してしまう人がいます。活動がいつも準備されたり、テレビを観るように言われたり、また遊びの最中にたびたび中断されたりすると、子どもは自分で活動を見つけることを学びません。

退屈の程度がそれほどひどくなければ、もっとも簡単な解決法は、ひとつか2つのふさわしい活動（それ以上はいりません。多くの遊びからひとつを選ぶのはより困難なので）を与え、子どもにあまり干渉せずに、自主的に活動させることです。

もうひとつ大事なのは、子どもの基本的な気質や発達段階を心に留め、あなたの期待をそれに見合うものにすることです。

もし子どもが上手に絵を描いたり、積み木で高い塔を作ったりしていたら、ほめて中断させてしまう前に、ほめるべきかどうかよく考えてください。もしあなたのもっとも望んでいることが、子どもに美術をさせることなら、ほめていいのです。しかし、できるだけ長い間、何かをさせたいのであれば、ほめることで活動を中断させる必要はないのです。

もし子どものほうから「ほら、見て！」などと言ってきたら、ほめてかまいません。そうでなければ、子どもの活動をわざわざ中断させてほめるのはいけません。子どもの活動をよく中断させてしまう傾向のある親は、そうしないために、部屋から出ていくことも必要でしょう。

もし子どもが退屈してイライラがつのってきたら、より積極的な解決法が必要になるかもしれません。もっとも有効なのは、具体化する（１５４ページ）という方法を使うことかもしれません。ただ、これは時間のかかる方法です。自分で活動を見つけられない子どもに何かすることを提供すると、目の前の問題（今何をするか）の解決にはなりますが、長期的な問題（自分で楽しみを見つけられない）の解決にはならないでしょう。

⬇練習３－１

日課を見直す

研究によると、ほとんどの子どもたちは、お昼前と夕方の同じ時刻にぐずり、イライラしやすいことがわかっています。これには、空腹、疲れ、病気などが関係しています。もしあなたの子どもが毎日同じ時間に扱いにくくなるなら、ぐずる時間をなくしたり、減らしたりするために、家庭内の日課を見直す必要があるかもしれません。

日課はさまざまなやり方で変えることができます。食事の時間を変える、おやつを与える、就寝または昼寝の時間を変える、静かにする時間を設ける、家の掃除を省略する、時間を変えるまたは減らす、簡単な料理にし冷凍食品を使う、などです。

次にあげた2つの例は、1日をもっと気持ちよく過ごすために、いかに時間を調整し直すことができるかを示したものです。

《わたしの場合》

わたしの家庭では、午後4時から5時半（夫が帰宅する時間）までの1時間半がもっとも大変なときでした。子どもたちはおなかがすき、疲れ、わたしにかまってもらおうとしますが、わたしは夕食の用意をしなければならないのです。そこでわたしは次の3つのことを変え、その結果、状況はぐっと改善されました。

◎下の子の昼寝の時間を変え、午後遅めに寝かせるようにしたので、夕方になっても前ほど疲れなくなった。お昼ごろには、少しぐずるが、夕方ぐずられるより、わたしがイライラせずにすむ。

◎息子が学校から帰って来たときに、2人の子にかなり多めのおやつをあげるようにした。

◎何食分かの食事を一度に作り、余分なものを冷凍するようにした。午前中か、下の子が昼寝をしているときに、料理をする。夕方には、その料理をオーブンに入れるだけですむので、子どもに対応することも、新聞を読むこともできるようになった。

《カレンの場合》

カレン（1歳4カ月）は、いつもはとてもやさしい子です。ところが、疲れがたまると、扱いにくくなります。これは、「幼児とお母さんクラス」に通いはじめたとき、ますますひどくなりました。そのクラスが終わるのが、ちょうどカレンの昼寝の時間にあたってしまうからです。家に帰り、お昼の用意をし、食べ、おしめを替えるころには、カレンは疲れすぎて眠れなくなってしまいました。

お母さんはこの問題を次のようにして解決しました。クラスから帰る前におしめを替え、家に帰る車の中で、サンドイッチとくだものを与えたのです。家に着くころには、カレンはすっかり昼寝をする準備ができるようになりました。

もしあなたが時間を調整する方法を探しているなら、あなたとあなたの家族の要求が何かをはっきりさせ、それからその要求を満たすような方法をできるだけたくさん考えてみてください。

⬇練習3―2

気持ちの切り替えを上手にできるように、前もって知らせる

寝るときや、食事のとき、出かけるときなど、ある行動から次の行動への変わり目は、幼児も親もどちらもイライラしやすいのです。そのイライラは、子どもの自立への要求や、また次に何が起こるかを、子どもには予測できないことからも起こります。これを次の例でみてみましょう。

《キャシーの場合》

キャシー（2歳3カ月）はお風呂に入るのが大好きでした。お風呂の中でバシャバシャと遊んだあと、キャシーはバスタブから出て、からだを拭いてと言ってきます。拭いてもらうと、またバスタブにもどり、お湯で遊びはじめたものです。二度も三度も拭くのを避けるために、キャシーの親は、からだを拭く前に、お風呂のお湯を流してしまうことにしました。

スムーズに次の行動に移るためには、自分が何を期待しているかをはっきりさせ、その前の活動を自然に終わらせ、次に移る順序を教えます。もしあなたが、次に何が起こるかを事前に考える習慣をもてば、次の行動を始めるときに、子どもが今の活動に夢中になっているから、気持ちよくやめるはずはないとか、スムーズに移行するには子どもが興奮しすぎていて、少しあとにしたほうがいいと思うこともあるでしょう。本を読んだり、静かな遊びをしたりすると、子どもが落ち着き、食事や就寝へと導きやすくなります。

何かを始めるときには儀式的で具体的なやり方を決めておくのもいいことです。それが子どもに、まもなく夕食だとか、寝る時間だとか、これから何かが始まるということを知らせる合図になります。

夜の儀式的な順序は、パジャマを着る、静かに遊ぶ、本を読む、そしてベッドに入る、ということにしてもいいでしょう。それにおやつが入ったり、お風呂が入ったりもする場合もあるでしょう。

もっとも大事なのは、それが子どもの好きなことであり、あなたにとっても毎日できるようなものであることです。

これから何が起きるのかを伝える

新しい経験や出来事、またはあまり楽しくない経験や出来事について、前もって教え、子どもに心構えをさせるとスムーズにいきます。

子どもというのは、知らないことを怖がることが多く、また新しい状況におかれたとき、どうするのがよいのかわからないために、不適切な行動をしてしまいがちです。

事前に教えるときは、次のことを説明します。

- **どのような活動が起こるか**
- **子どもは何をすることになっているか、または許される活動は何か**
- **どのような感じがするか**

これはとくに、新しい状況に出合うと、まず身を引こうとするような子どもには有効です。

子どもが2歳以下であれば、説明は短く具体的にします。新しい考えや経験を、言葉を話す前の子どもに伝えるのは難しいことですから、リハーサルをすると役に立ちます。子どもが2歳以上なら、お話やロールプレイを通して説明を始めることができます。次の例で、事前に説明することがどう役立つかわかるでしょう。

《タミーの場合》

タミーが2歳半のころ、新しい状況をとてもいやがりました。タミーがお誕生会に招かれたとき、お母さんはそのために準備をさせる必要があると感じました。

お母さんは誕生会でするようなことを、思い出し、次のようなことが大事だと思いました。

◎タミーはプレゼントを持っていくだろう、他にも数人の子どもたちが来ているだろう、ハッピーバースデーを歌い、ケーキを食べ、ゲームをいくつかするだろう。

◎タミーも一緒に歌ったり、食べたりしようと誘われるだろう。

◎タミーは恥ずかしがったり、びくびくしたり、またやきもちをやいたりするかもしれない。

お母さんはタミーに説明するのに、まず自分が子どものころに行ったパーティーのことを思い出し、お人形を使ってそれを再現してみました。

図書館からハッピーバースデーの歌の入ったレコードを借り、タミーと一緒にその歌や他の歌を歌いました。それから、タミーのお人形のためにパーティーを開き、プレゼントもケーキもアイスクリームも出し、ゲームもしました。

こうした準備には時間がかかりましたが、するだけの意味はありました。タミーはいやがらずに、パーティーに出ることができたからです。

事前に説明することのできる状況というのは、たくさんあります。医者や歯医者や博物館に行くことや、下の子の誕生、祖父母の家や海へ行くこと、大人だけの会合に行くことなどです。基本的には、今まで難しかったようなこと、または今までの経験で難しいだろうと思われることなら何にでも使えます。

子どもへの期待を、子どもにわかる言葉できちんと伝える

小さな子どもたちは、大人とはまったく異なる見方で世界を見ます。その違いは、子どもはからだが小さいことと、経験と情報が限られていることから起こります。

子どもにわかる言葉で話す

あなたが子どもに協力してほしいのであれば、その子のレベルに合わせて話すのが大事です。これは、子どもの目の高さに合わせてかがむことと、子どもが理解できる言葉を使うことの両方を意味します。

子どもにとって、そばに立っている大人の顔をずっと見上げているのは、とてもつらいことです。話をしている間じゅう、子どもは頭を無理に後ろにそらせた姿勢をとり続けなければならないのです。もしあなたが今までに、床に座らされ、上からおおいかぶさるように立っている人と話をしなければならない経験があったら、どんなに不愉快だったかを思い出すでしょう。よい保育者であれば、子どもが上を向くつらさを知っていて、子どもと話すときにはしゃがんだり、腰をかがめたりするでしょ

う。上を見て話すのは、苦痛であるだけでなく、ほとんどの人は威圧されているように感じます。

くり返しますが、子どもに協力してほしいなら、その子のレベルに合わせることが大切です。

就学前の子どもがかなり長い文章を話せるようになると、親はよく、これで子どもは言われたことをほとんど理解できると思ってしまいます。確かにそれは正しいのですが、実際には「ほとんど」といっても限りがあります。就学前の子どもたちは、事実をそのままとらえ、大人の言うことや行動を、自分の経験、それも限られた経験に照らし合わせて解釈してしまいます。子どもと大人のものの見方の違いは、次のような例でわかると思います。

《ケビンの場合》
ある晩、ケビン（4歳）とお母さんは暗くなってから、散歩に行きました。お母さんは冗談で「空にはいくつお月さまがある？」と聞きました。ケビンはすぐに、「2つ」と答えました。どうしてと聞くと、ケビンはこう答えました。「丸いのと細い（三日月）のとさ」（ケビンの経験では、明らかに2つの違う形をした月を見たのです）

《ベスの場合》
ベス（2歳半）とお母さんはお昼を食べていました。スープがお鍋にほんの少ししか残っていませんん。お母さんはベスにもうちょっと（a little）スープをほしいか聞きました。するとベスはこう答えました。「ううん、ちょっとじゃなくて大きく（big）ほしいの。だって、わたしはもう大きいもの」

親は子どもがどれほど理解しているかを知るために、今（親が）言ったこと、または今の状況のもとで何が起こる可能性があるかを、子どもに説明させます。自分の言葉でです。

子どもに「わたしの言ったこと、わかった？」と聞くのは、あまり意味がないということを覚えておいてください。なぜなら、ほとんどの子どもは「わかった」と言うからです。自分でわかったと思っているからか、または親が「わかった」と答えるのを期待していると感じるからです。

限定つきの選択と自由な選択

あなたが子どもに自由な選択をさせると、子どもはいろいろなアイデアを出してくるでしょう。限定つきの選択をさせると、あなたが受け入れられる選択肢に限ることになります。

たとえば、「朝ごはんに何を食べたい？」という自由な選択をさせると、その答えは限りがありません。答えはコーンフレークかもしれないし、卵、ピザ、アイスクリームかもしれません。「朝ごはんにコーンフレークと卵と、どっちを食べる？」と、限定つきの選択をさせると、どんな答えであれ、あなたが料理したいと思うような食べ物に限ることになります。

あなたが気持ちよく受け入れられるものが限られているなら、自由な選択肢を与えるのではなく、限定したものを与えるようにしましょう。

答えを導く選択

子どもに限定した選択肢を与えると、時には子どもがどちらの選択肢も拒否することがあります。そうなったら、答えを導く選択をさせることができます。

たとえば、幼児に、「赤いパジャマを着たい？ それとも青いパジャマにする？」と聞いて、その子が「いや」と答えるとします。そうしたら、言い方を変えて、答えを導く選択を示すことができます。

「あなたが選びたいの？ それともわたしに選んでほしいの？」

もし子どもが「いや」と、また言ったら、

「今日はわたしにパジャマを選んでほしいのね」

と言うことができます。

答えを導くような選択肢を見つけるためには、子どもがあなたの言うことを拒否したら、自分はどうするかを考えたらいいのです。

たとえば、自分から進んでベッドへ行こうとする子どもはあまりいないでしょう。「もう寝たい？」と聞いても、おそらく答えは「いや！」でしょう。その代わりに、「自分でベッドまで歩いていきたい？ それとも、わたしにだっこしていってもらいたいの？」と聞きましょう。ほとんどの場合、子どもは自分のプライドを保つほうを選ぶでしょう。そうでない場合は、「だっこしていってもらいたいのね」と言っていいのです。

おばあちゃんのルール

おばあちゃんのルールとは、あなたが何を望んでいるかをはっきりさせる方法のことです。たとえば、「あなたが積み木を片づけたあとに、本を読みましょう」という言い方です。

これは選択ではないことに注目してください。

子どもは、「もしあなたが積み木を片づければ、それなら本を読みましょう」と言われているわけではないのです。

「**もし**……**それなら**……」という言い方は選択を示しますから、子どもは本を読まないこと、遊び終わっても積み木をそのままにしておくことを選ぶかもしれないのです。

「……**したら**……**それから**……」という言い方はこちらの期待を示します。子どもは1番目の行動をするように期待され、そのあとで2番目の行動が続くのです。

⬇練習3–3

親も子どもも、自分の感情を知っていると、それだけで問題が解決することも

問題によっては、親が自分自身の感情や子どもの感情をよくわかっていると、回避できることもあります。強い感情、たとえば恐れや欲求不満や無力感などは、わたしたちの創造力や問題解決能力を麻痺させがちです。親は、問題が起きたときにも、少し落ちついて自分の感情を整理してみると、新しい解決法が可能になります。子どもが問題を抱えているときには、親は子どもの考えや感情を引き出してあげるといいでしょう。そうすると、子どもが新しい解決法を考えやすくなります。

自分の感情を受け入れる

子どもは、自分の要求が満たされないと、さまざまな反応の仕方をします。泣くかもしれないし、ぐずぐず言う、ふくれっ面をする、嚙みつく、爪を嚙む、身を引くといったことをするかもしれません。子どもは一人ひとり、反応の激しさ（練習1−5、45ページ参照）の程度が異なります。

多くの子どもたちは感情を殺すようにと教えられます。しかし、子どもが反応を外に激しく出さないからといって、その子が心の中で強い感情をもっていないということではありません。

研究によると、穏やかで協力的で自制心の強い男の子は、それほど自己抑制をしない子より、自分の怒りや他の感情を内に秘めてしまいがちだということがわかっています。子どもが怒りを外に表さないから、その子は怒っていないと思うのは、正しくありません。子どもも大人も、自分の感情を認め、前向きに感情にかかわることが必要なのです。

⬇練習3−4

〈能動的に聴く〉ことで、子どもは自分で解決する道をみつける

能動的に聴くことは、子どもが問題を抱えているときにいちばんうまくいくスキルです。子どもが何か問題にぶつかったとき、親が能動的に聴くことにより、子どもが自分で問題を解決する手助けをするのです。子どもの話を能動的に聴くことで、子どもが伝えたいと思っている内容や感情を引き出してあげることができます。

能動的に聴くとき、親は子どもの代わりになる答えを口に出してはいけません。質問はいっさいせず、解決法も示してはいけません。子どもに、問題をはっきりさせるように促し、自分で解決法を見つけられるように手助けします。

子どもが手伝ってほしいと言ってきたら、そうしてもいいですが、何も言わないのにこちらから手を貸してはいけません。それがどのようになるか、次の例をみてみましょう。

《カールの場合》

カールはいつも自分でコーンフレークの用意をしていましたが、ある朝お母さんの寝室に飛びこんできました。

カール：ママ、ミルクがないよ！

ママ　：ミルクがないからイライラしているのね。

カール：そうだよ、今すぐ買ってきて。

ママ　：今していることが終わったら、行くわ。

カール：今すぐほしいよう！

ママ　：今すぐ朝ごはんを食べたいのに、ミルクがなくて、どうしていいかわからないから、イライラしてるのね。

カール：そうだ、粉ミルクを使ってもいいね。

能動的に聴くことのよい点のひとつは、子どもが問題を解決するのに、大人に頼るのではなく、子どもが自分で問題を解決するように促すことです。能動的に聴くことは、問題を短期的に解決するというより、長期的な問題の解決を促します。

子どもの問題を能動的に聴くには、あなたが子どもの問題を解決してあげたり、解決できるように子どもを「導いたり」するよりも、多くの時間と忍耐が必要です。それでも、長い目で見れば、時間を節約することになります。子どもが大人に指示や助けを求めるのではなく、自分で考えることを学ぶからです。

親はこう自問するでしょう。

「何が起こったか、わたしのほうから尋ねなければならないときもあるのでは？」

「子どものために、わたしが問題を解決してやらなければならないときもあるのでは？」

その答えはどちらも、「そのとおり」です。

とくに就学前の子どもの場合は、何が起こったのか親が知りたいときもあるでしょうし、子どもがまだ学んでいない見方を教えたいと思うこともあるでしょう。しかし、幼児も就学前の子どもたちも、大人が思う以上に、多くの問題を解決する能力をもっています。親はつい子どもがまだ小さいから無理だと考えてしまい、子どもがいくつかの解決法を試す前にすぐ手伝ってしまいます。わたし自身もこのことを、自分の娘が小さいときに、改めて学ぶ機会がありました。

《カレンの場合》

カレン（1歳7カ月）とわたしは、幼児クラスに参加していました。わたしたちのいた体育館の中には、よじ登ることのできる器具がたくさん置いてありました。

娘は2歳半の子が、上からつるされた網でできた筒に登っているのを見ました。さっそく娘はそこに行って登ろうとします。片方の足を入れますが、もう一方の足を入れようとするとよろけてしまいます。何度か試みましたが、とうとうあきらめました。わたしは娘のところに行って、どうやったら登れるか見せようかと思いましたが、そうはしないことにしました。

しばらくして、カレンはまたそこに行って、トライしましたが、うまくいきません。がっかりして、カレンはわたしのところにもどって来ました。手伝ってあげたくなる気持ちをおさえて、

「あの筒に登れないから、がっかりしたのね」

と言いました。そう、とうなずくと、カレンはまた出かけていきました。

それからしばらくして、カレンはもう一度そこに行き、トライしました。今度は、上半身を網目状のトンネルに入れ、それから両足を引っ張りあげました。自分ひとりで中に入ることができたのです。

手伝わなくてよかったと、わたしはつくづく思いました。自分の問題は自分で解決できるということを学んだのですから。もしわたしが押してあげていたら、わたしはカレンが自分でできるまで、何度もそうしなければならなかったでしょう。また、わたしが椅子を持っていくとかして、解決法を示していたら、自分で解決法を見つけることはなかったでしょう。

もしカレンがわたしに助けを求めていれば、喜んで手伝ったでしょうが、そうは言ってこなかったのです。頼まれないのに手を貸すことは、その人には問題解決能力がないというのを示すことになります。多くの場合、親は子どもが自分で考える前に、解決法を示してしまいます。能動的に聴くことは、子どもに独立心や知性、有能さをもってほしいと望む親にとっては、とくに有益でしょう。親は

ふつう、子どもにイライラしてほしくない、または悲しい気持ちになってほしくないからといって、解決法を与えてしまいます。しかし、いつも子どもに解決法を与えてしまうと、解決法を示す親がそばにいないと、子どもはいつもイライラし、何もできない子どもになります。

能動的に聴くことは、子どもの感情が、右にあげた例よりも強いときにもうまく使うことができます。次に示したのは、父親が娘にまず事態を説明しますが、うまくいかなかったので、次に能動的に聴こうとしています。

《キャシーの場合》

キャシー（2歳半）は、お母さんの新しい高価な腕時計で遊びたいのに、お母さんがそうさせてくれないので怒っています。キャシーはしばらく泣きました。そこで、お父さんは気を静めようとして、何がうまくいかないのか聞きます。キャシーが「ママの時計がほしいの」と答えたので、お父さんは、それはママの新しい時計で、ママはめていたいんだと説明します。そうすると、キャシーはまた泣きはじめ、時計がほしいと言い張りました。

1～2分してから、お父さんはもう一度トライしました。君が激しく泣いているので、何を言っているのかわからない、とキャシーに言うと、キャシーは泣きやみ、「ママの時計がほしいの」と言いました。そこでお父さんが、「ママの時計で遊びたいと思っているんだね」と答えると、キャシーはお父さんのほうを少しの間見ていましたが、それから他のことで遊びはじめました。

言葉を話す前の幼児や赤ちゃんを持つ親は、自分の子どもは言われたことを理解するには「幼すぎる」と思いがちです。そのため、能動的に聴こうとはしません。確かに、言葉を話す前の子どもは、言われたことを正確には理解できませんが、物事の基本的な意味は、話せるようになるずっと前からわかっています。小さな赤ん坊でさえ、自分の周りの雰囲気から、恐怖やイライラ、または安堵の気持ちを感じることができます。

赤ん坊が動けるようになるまでは、親が「赤ちゃんの要求を満たす」必要があります。赤ちゃんは物理的には、まだ自分でそうすることができないからです。そのときに親が能動的に聴くという態度で接すれば、たとえば「すごくおなかがすいているんだね。何か食べたいんだね」と言えば、赤ちゃんは2つのことを学びます。ひとつは、大人の声がすると気持ちのよいことが起こること、もうひとつは、泣かなくてもどう感じているかを表現する言葉があることをです。

幼児は、自分の身の回りの物や動作についている名前を学んでいきます。言葉を話す前の幼児でも、言葉の意味は学んでいるのです。親が、子どもがどのように感じるか、または親自身がどう感じるかについて話すと、子どもはそうした言葉を、ほかの形容詞、「熱い」「速い」「すてき」などを学ぶのと同じように学んでいきます。これを、次の例で示してあります。

《エイミーの場合》

エイミー（1歳4カ月）は、テーブルの下で、引っ張るおもちゃで遊んでいました。ところが、ひ

もがテーブルの足にからまってしまいました。エイミーはひもを引っ張り、大声で泣きはじめます。お父さんが行って、「おもちゃがはさまっちゃったね。それでイライラしてるんだね。ひもをほどいてあげようか?」と言いました。

するとエイミーはうなずきました。

《サムの場合》

サム(1歳1カ月)は窓辺に立って、お母さんが出かけていくのを静かに見守っています。お父さんはサムの悲しそうな顔を見て、「今日はお母さんと一緒に出かけられなくて、がっかりしているんだね」と言いました。

サムは何も言わず、また窓の外を見ました。

サムもエイミーも、「がっかりする」とか「イライラする」といった言葉の意味をまだ知らないでしょう。でも、親が同情してくれていると感じますし、感情を表す言葉を少し学んだのです。

親は感情を表す言葉を、子どもが大きくなって十分理解できるようになったと思うまで、使わないことが多いのですが、実際には、子どもは長い間そうした言葉と親しんでから、初めてその意味を理解するようになるのです。親は子どもの年齢にかかわらず、感情を言葉で表すほうがいいのです。

⬇練習3−5

〈わたしメッセージ〉で、何に困っているかを伝える

わたしメッセージは、親が問題を抱えているときに、その問題をはっきりさせるために使われます。また、怒りとか不愉快な状況とかを、前向きなやり方で対処する手本を示すためにも有効です。

わたしメッセージのもっとも一般的な形は、「**〜のとき、わたしは〜と感じた。なぜなら〜だから**」です。「**〜のとき**」という部分は、子どもの行動を、非難せずに描写します。たとえば、「子どもがわたしのしていることを中断させるとき」という言い方のほうが、「子どもがわがままなとき」といった、子どもの性格を表すような言い方より、もっと具体的で有効です。

「**わたしは〜と感じた**」という部分は、その行動についてのあなたの感情、または行動があなたに及ぼした結果について、表現します（「腹が立つ」とか「怒った」という感情は、本当の感情ではありません。「途方に暮れた」「怖い」「不当だ」といった感情を表現するようにしてください）。

「**なぜなら〜だから**」は、子どものある行動があなたに及ぼした具体的な影響、とくに時間やお金がかかわるものを述べる部分です。

この3つはこの順序で使わなくてもいいですし、「〜のとき」「わたしは〜と感じた」「なぜなら」の代わりに他の言い方で置き換えてもいいのです。いくつかの例を次に示しました。

《わたしメッセージの例》

「壁にいたずら書きをすると、わたしはイライラするの。だって、また拭かないといけないから」

「あなたが手すりに上ると、落っこちてけがをするんじゃないかって、わたしは心配なの」
「耳のそばで大声を出されると、わたしはいやなの。だって耳が痛いからよ」
「今きれいにしたばかりの部屋が、きれいで気持ちがいいなと思う間もなく汚されると、わたしはがっかりするわ。だって、したいことをするひまもなく掃除をしなくてはいけないから」

奇妙に思うかもしれませんが、小さい子どもは、なぜ親が機嫌をそこねているのかわからないかもしれないのです。子どもは、自分の行動が親をいやがらせるだろうと予想できるかもしれませんが、自分の価値基準からしかものを見られません。わたしメッセージはほとんどの場合、うまくいきます。ただし、その行動をどうしても続けたいと子どもが思っているとき、自分の行動があなたを本当に困らせているとは思っていないときには、うまくいかないこともあるかもしれません。

子どもがそのままその行動を続ける場合は、わたしメッセージのあとに、これからの章で出てくる別のスキルを使わなければなりません。

⬇練習3-6

空想の世界で夢をかなえる

実際にはできないことを、空想の世界でかなえることは、感情に対処するもうひとつの方法です。これは、願いごとを、かなえられるかのように出し合うことです。次の例をみてみましょう。

《ニコラスの場合》

わたしたちは早朝から車に乗っていたので、4歳のニコラスは飽きてきました。よく知っているファストフードの看板を見つけると、ニコラスはそこで止まってアイスクリームを食べよう、と言い出しました。わたしは運転をしながら、まだお昼の時間じゃないし、休憩する前に、もう少し先まで行かないといけないのと説明しました。ニコラスは聞きません。そして「アイスクリーム、アイスクリーム」と叫び、わたしの席を蹴りました。

わたしがカッとなる前に、父親のマイクがニコラスのほうを向き、「わたしは魔法のアイスクリーム・マンだよ。ニコラス君、チョコレートがいいかね、それともバニラがいいかな？」と聞きました。

「バニラがいい」とニコラス。

「コーンの大きさは？　このくらいかね、それとも、もっと大きいのがいいかい？」と、マイクは手で大きさを示します。

「もっと大きいの。このくらい」とニコラスは言い、20センチくらいに手を広げます。

マイクとニコラスはそれから延々と、コーンの種類やトッピングのこと、どうやってアイスクリームをなめるのがいいかなどについて、話し続けました。車の中のムードはこれで、親子の衝突から協力へと、180度変わりました。そのようすを実際に見なければ、わたしもこれがこんなにうまくいくとは信じなかったと思います。

言ったことを途中で変えると、子どもは、親が何を望んでいるのかわからなくなる

　小さい子どもはふつう、あなたが何をしようとするかを、あなたが今までにしてきたことから予測します。子どもは、自分の経験にもとづいて自分の世界を説明するのだということが、このことからもわかります。ですから、同じ指示や命令をくり返すのを避けること、口を開く前に、あなたが何を「脅そう」または「約束しよう」としているかを考えること、あなたの指図に子どもが従うように手助けすることが、とても大事なのです。

同じことをくり返し言わない

　バートン・ホワイト[*9]氏の本のなかに、「有能な子ども」の親は、子どもに何かをさせるときに、「〜しなさい」と何度もくり返し言わなかったとあります。子どもが言われたことにすぐに従わなければ、親は腰を上げ、子どもが言われたことをするように手を貸すのです。

　たとえば、お父さんが子どもにテーブルから下りなさいと言ったのに、子どもが下りないとします。お父さんはそのままもう一度、下りなさいと言うのではなく、子どものところまで行って、テーブル

から下りるのを手伝います。

子どもが従うように手助けすることにより、子どもは親が何を本当に望んでいるのかわかるのです。何度も命令をくり返すと、子どもは、2回か3回言われてからすればいいのだと思ってしまいます。

口を開く前に考える

子どもに親のことを本当に信じてほしいのなら、親のあなたが喜んでしたい、またはすることのできる選択肢や結果を示すのがもっとも簡単です。

ということは、床に散らばっているおもちゃをすべて捨てると脅かしたり、片づけたらおやつをあげると約束したりするのは、本当にそうするつもりがないなら、脅かしたり、約束したりすべきではありません。

腹が立ったときには、まず冷静になり、じっくり考えることが大切なのです。後悔したり、あとで取り消したりするようなことを言わないようにするためです。

あなた自身が実行できないことを言ってしまったと思ったら（どの親もたまには言うことがありますが）、どうしてあなたが考えを変えたのかを子どもに伝えるほうが、ただ実行するのをやめるよりずっと効果的です。

変更は、それが数回であれば、それほど問題はありません。しかし、言ったことをやりとげない、という状況が何度も起こるようであれば、そうした状況を見直し、どうしたらそれを避けられるかを考えるといいでしょう（73ページ）。

言うことをきくように状況を整える

小さい子どもは自分の身に起こることから学ぶので、子どもにとって唯一できること、またはもっとも簡単にできることが、親の望むことと一致するように、状況を整えておくといいときがあります。次の例にそれを示してあります。

《ベスの場合》

2歳のベスは、暖炉にたきつけ用の細い薪を投げ入れるのが好きでした。そうしてもいいことになっていたのです。しかし、もうやめなければならない時間が来ても、やめたがりません。暖炉の脇に細い薪を入れた箱が置いてあるのですから、なおさらです。そこでお父さんは、ベスに最後の1本を投げていいよと言ってから、その箱を別の場所に移すことにしました。それからは、ベスは誘惑に打ち勝ちやすくなりました。

この状況では、ベスは薪を火に投げ入れないようにするのが、容易になりました。なぜなら、やりたいと思わせる薪が、もうそこにはなかったのですから。親が望むことを、子どもがしやすくなるように、状況を変えるための方法はたくさんあります（状況を変える、195ページ）。

手を貸して従わせる

手を貸して従わせるとは、子どもがあなたの言ったことに従うように、子どもに物理的に手を貸すことです。要求に従わせるのは必要なことです。もしあなたが子どもに何かするように言ったのに、言ったことを守りとおさないと、あなたは子どもにあなたのことを無視するようにと教えているようなものです。

たとえば、もしあなたが「さあもう出かける時間ですよ」と言うなら、本当にそこから出て、他のことに気をとられたり、遅らせたりする誘惑にとらわれないようにします。

もし子どもが自分から進んで来ようとしないなら、

「自分で歩いて行きたいの、それともわたしに抱っこしてほしいの？」

と聞きましょう。

もし子どもがドアに向かって歩きはじめなければ、抱えて外に連れ出しましょう。

子どもがまだ小さいときには、言うことに従うように手を貸すことができます。親は言ったことを途中で変えないということが、いったん子どもにわかれば、子どもはあなたを試そうとはしなくなるでしょう。

しかし、子どもが何回でそれを学ぶかは、子どもの性格によります。子どもによっては、あなたが一貫した態度をとっても、挑戦し続けます。こうした子どもの場合は、あなたが穏やかな気持ちで、続けることが必要なのです。

子どもを相手にする場合、問題を避けるほうが、問題行動が起こってからそれに対処するより、ずっと楽です。

この章では、①十分に準備をする、②あなたの望むことを明確にする、③感情をはっきりさせる、④あなたの決定をやりとげるということについてみてきました。第4章では、よい行動を増やすための方法について取り上げます。

練習3-1 対立を記録する

あなたが子どもと対立する頻度と種類を記録するため、２つの時間帯（30分ぐらい）を選んでください。同じ日でも、違う日でもかまいませんが、異なる時間帯を選びます。

子どもとの対立の回数と種類を記録してください。それから、だれが始めたか（親か子か）もです。対立の起こる理由は、学習、注目、しつけなどいろいろあるでしょう。

＊気をつけてほしいこと：この練習は、第三者が、あなたとあなたの子どもを観察して記録すると、もっとも客観的なものになります。しかし、あなた自身が記録しても、とても有益であることには変わりありません。

１回目：　　月　　日　　　時間
状況

２回目：　　月　　日　　　時間
状況

練習3-2 困難なとき

最近の何日間かを思い出しながら、対立の記録（練習3-1）を見直し、次の質問に答えてください。

1．あなたは、1日のうち何時頃いちばんイライラしますか？

2．あなたの子どもは、1日のうち何時頃いちばんイライラしていますか？

3．あなたは、何をしているときにじゃまされると、もっともイライラしますか？

4．あなたの子どもは、どんな行動をしているときに、うまくいかないと感じたり、イライラしたりしますか？

5．こうしたイライラを減らすために、どうしたら時間帯や日々の活動を組み直すことができますか？

練習3-3 期待を明確にする

次の文章を命令文にしてください。また、あなたが受け入れられる選択肢を入れた文章にしてください。

1. ジェニー、寒いから、セーターを着たら？

2. マーク、わたしがおもちゃを拾うのを手伝ってくれる？

3. ピーター、今日は朝ごはんに何を食べたい？

4. メアリー、公園に行く前に、洋服を片づけてくれる？

5. アン、わたしに着替えを手伝ってほしい？

6. テリー、今日は日曜学校にどの服を着て行きたい？

7. もしレバーを食べられたら、散歩に行けるわ。

8. ブラノン、ガラスの灰皿を下に置いてくれる？

練習3-4 感情を認める

あなたの子どもが傷ついたり、心配していたり、イライラしているときのことを思い浮かべてください。

A. 子どもはどのような反応をしめしますか？

泣く	噛みつく	ドアをバタンと閉める
指をしゃぶる	部屋に閉じこもる	爪を噛む
ぐずぐず言う	足を踏みならす	髪を引っ張る
毛布にくるまる	殻に閉じこもる	息を止める
ぶつ	走る	すねる
おとなしくなる	その他（	）

B. 子どもがイライラや他の感情を表現する方法は、受け入れられるようなものですか？

はい　　　いいえ

「いいえ」と答えた方は、では、子どもに感情をどう表現してほしいですか？

練習3-5 能動的に聴く

次の状況を見て、子どもが問題にぶつかっているのを表す手がかりと、その子がどのような感情をもっているかを特定してください。

1．スティーブン（2歳半）は、アランが床に座って幼稚園のおもちゃのブロックで遊んでいるのを、ソファーに座り、指をくわえて見ています。

手がかりとなる行動

考えられる感情

能動的に聴くことで対応

2．居間でドスンという音がして、それから子どもの泣き叫ぶ声が聞こえます。駆けつけると、リッキー（1歳）がソファーの前の床に転がっています。

手がかりとなる行動

考えられる感情

能動的に聴くことで対応

3．クリスティーは積み木の分類箱の前に座り、三角形の穴に四角いネジをたたきつけています。

手がかりとなる行動

考えられる感情

能動的に聴くことで対応

練習3-6 わたしメッセージ

次の文章を、「わたし」から始まる文章に直してください。

1．階段で遊んじゃダメよ。落っこちるわよ。

2．（親が新聞を読もうとしている）じゃまするのやめてちょうだい！

3．もう何度も言ってるでしょう。玄関のドアを閉めなさい！

4．床に落ちているものを拾いなさい、さもないと、夕食後のデザートはなしよ。

5．もう一度妹をぶったら、おしりをひっぱたきますよ！

練習の答え

練習3-3

1．ジェニー、セーターを着なさい。
ブルーと黄色と、どっちのセーターを着たいの？
2．マーク、おもちゃを拾うのを手伝いなさい。
マーク、あなたはどのおもちゃを拾いたい？
3．ピーター、朝ごはんはスクランブル・エッグにする、それとも目玉焼きにする？
4．メアリー、洋服を片づけたら、それから公園に行くわ。
5．アン、着替えを手伝うわ。
6．テリー、今日は日曜学校に、青い服を着て行く、それとも赤い服にする？
7．レバーを食べたら、それから散歩に行くことにしましょう。
8．ブラノン、ガラスの灰皿を下に置きなさい。

練習3-5

1．**行動**：指をくわえている。
感情：拒否された、無視された、退屈だ。
対応：「あなたは寂しいって感じているのね」
2．**行動**：泣き叫ぶ。
感情：傷ついている、イライラ、怖い。
対応：「床に落ちて、痛かったのね」または「ソファーに上れないから、イライラしてるのね」
3．**行動**：大きな音を出してたたく。
感情：イライラ。
対応：「その穴に積み木を入れられないから、それでイライラしているのね」

練習3-6

＊これらはあくまでも、可能な答えにすぎません。あなたの答えは、その行動があなたやあなたの感情に及ぼす影響により、変わってくるかもしれません。
1．あなたが階段で遊んでいるのを見ると、落っこちてけがをするんじゃないかと、わたしは心配になるの。

2. ソファーがぼんぼん揺れると、わたしはイライラするのよ。だって、新聞が読めないから。
3. 玄関のドアが開いてると、ハエが入ってくるでしょう。そうすると、ハエを殺すために、夕ごはんの仕度をいったんやめないといけないわ。わたしはそれがいやなの。
4. 今きれいにしたばかりの部屋が、ぐちゃぐちゃになっているのを見ると、わたしはがっかりしちゃうのよ。だって、ほんとうは本を読もうと思っていたのに、また掃除をしなくちゃならないから。
5. だれかがあなたの妹をぶつと、けがをするんじゃないかって、わたしは心配なの。

第4章

★

子どもの
よいところを増やす

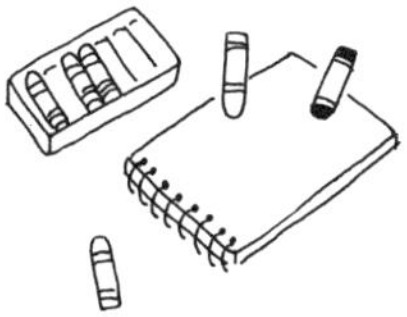

幼児や就学前の子どもたちの行動をよりよくするための大切なポイントは、よい行動をしたら、それをしっかり身につけさせることです。小さい子どもは、どういう行動をすれば、よいとされるのか（いかに注意を引くか）と、周りの人々がどう反応してくるか（どのような種類の注目を浴びることができるか）の両方について、学んでいきます。

あなたの子どもは、あなたから与えられるさまざまな注目のなかで（ほめる、叩く、怒る、ニッコリ笑うなど）、自分の好きな注目のされ方ができてくるでしょう。そして、何をすれば（たとえば、妹にやさしくする、妹をつきとばす、床に色を塗るなど）、注目されるか見抜くはずです。

もしおもちゃを片づけることで、親の注目と称賛をもらえるのであれば、子どもはそれをやり続けるでしょうし、もし妹をぶつことでしか、親の注意を引きつけられないなら、ぶつことを止めないでしょう。

今述べた2つのこと——注目することと、身につけさせることを、これから詳しく説明します。

子どもはキスしてもらえなければ、その人を蹴とばすだろう

わたしたちはだれも、いくつかの基本的な要求をもっています。そのなかには外からの刺激を受けたり、他の人に認められたりすることがあります。それは、注目を引くという形をとることが多いのです。研究によると、赤ちゃんは抱かれたり、なでられたりなどの刺激を受けないと、うまく成長したり発達したりできないということがわかっています。他の人とのやりとり（または注目）への要求は、誕生のときに始まり、死ぬまで続きます。

気持ちのよい注目と気分の悪い注目

注目には、相手を認めるものと、否定するものとがあります。つまり、「ほほえむ」といった気持ちのよいものと「怒る」といった気分の悪いものです。注目はあまりにも必須なものなので、もし人から気持ちのよい注目を受けられなければ、気分の悪い注目でもいいから引き出そうとするでしょう。「子どもはキスしてもらえなければ、その人を蹴とばすだろう」という古くからの言い習わしもあります。

気分の悪い注目とは、わたしメッセージ（95ページ）とも、論理的な結末（200ページ）とも違って、子どもの行為についてではなく、その子について悪く言いがちです。

人は、自分が受け取るメッセージや注目のされ方にしだいに慣れてきます。もし子どもが気持ちのよい注目を求めるときに無視され、何か「悪い」ことをするときに反応を得られる、または怒られるとすると、気分の悪い注目のほうを好むようになるかもしれません。子どもがどんなに注目されたいと願っているか、次の例に示してあります。

《シンディーの場合》

2歳のシンディーは、お母さんのところに本を持っていき、ひざの上に座ろうとしました。ところが、お母さんは「あとでね」と言って、取り合いません。

何分かしてまた、シンディーは本を持ってお母さんのところにもどります。お母さんはまた、「あとでね、今本を読んでるから」と言って相手にしません。

今度は、シンディーは本棚のところに行って、いろいろな物を床に放り投げはじめました。お母さんは本を読むのをすぐにやめ、床に物を投げたことを厳しく叱りました。

この例では、子どもがお母さんからどうしても注目を浴びたくて、無視されるよりは、怒られるのを選んだのです。

条件つきメッセージと無条件のメッセージ

子どもへのメッセージは条件つきにも、また無条件にもできます。

条件つきのメッセージは、「あることをするときは、あなたが好き（または嫌い）よ」というものです。無条件のメッセージは、「そのままのあなたが、好き（または嫌い）よ」というものです。

これで4種類のメッセージができます。条件つきの気持ちのよいメッセージ、無条件の気持ちのよいメッセージ、条件つきの気分の悪いメッセージ、無条件の気分の悪いメッセージです。これら4つの例を次にあげました。

《4種類のメッセージ》

気持ちのよいメッセージ

無条件　あなたが好き。あなたはいい子ね。

条件つき　静かに遊んでいるときは、あなたの行動が好きよ。もしあなたが赤ちゃんとやさしく遊べば、うれしいわ。

気分の悪いメッセージ

無条件　あなたのこと嫌い。あなたはひどい子ね。

条件つき　赤ちゃんをもう一度ぶったら、ママは怒りますよ。ソファーでジャンプする子は嫌いよ。

無条件の気持ちのよい言葉をかけると、子どもの自尊心が養われます。条件つきの気持ちのよい言葉をかけると、よい行動をするようにしむけることになります。

子どもには、この両方が必要です。無条件の気持ちのよいメッセージのみを受け取る子どもは、わがままで言うことをきかなくなるかもしれません。条件つきの気持ちのよいメッセージしかもらえない子どもは、行儀がよく、手伝いをよくするかもしれませんが、不安で愛されていないと思っているかもしれません。

➡練習4−1

表情やしぐさでも伝わる

注目にはさまざまなかたちがあります。これまで、おもに言葉による注目についてみてきました。でも、注目には、抱きしめるとか、おしりをぶつといった肉体的なものも、笑顔とかしかめっ面といった表情も、また見守るとか耳を傾けるといった仕方もあります。

小さい子どもたちのほとんどは、肉体的な注目を強く必要としています。もう抱っこされなくてもいい年頃になると、抱っこされたいために何か理由を探すかもしれません。本を読んでもらうとか、暴れ回るなどです。

どんなふうに気にかけられたいかは、人それぞれ

どんな注目のされ方が好きかは、同じ人でも変わることもあり、また人によっても違います。

わたし自身の体験でも、人として、時に応じてさまざまな注目のされ方（またはいろいろな世話のされ方）を必要としました。

子どものおもちゃを作り終えたときには、わたしはほめてもらいたいと思いますし、面白いアイデアが浮かんだときには、それについて話をしたいのです。あふれるような愛情を感じるときは、肩を抱いてほしいのです。

ところが、耳を傾けてほしいときに肩を抱かれるのはいやですし、肩を抱いてほしいときに言葉だけでほめられてもあまり意味がありません。

子どもによっては、積極的にかかわってほしい、たとえば、抱っこしてゆらしたり、本を読んだりしてほしいと思うし、また別の子どもは、遊んでいるときにただ見守っていてほしい、だれかがそばにいてくれればいいと思うようです。

子どもがからだに触られたくないときに、あなたが抱きしめても、その子は必死でふりほどこうとするでしょう。ところが、その同じ子どもが、遊んでいるときに、あなたがそばにいて見守っていてくれるのを、とても喜ぶかもしれないのです。

どう注目されたいかの好みは、子どもによって違います。

だれかのひざの上に長い間座っているのが大好きな子もいますし、けがをしたか病気になったときしかひざに乗るのを好まない子もいます。こうした違いは、赤ん坊のころからはっきりしている場合が多いのです。

自分から気にかけられたいと望んでもいい

注目を求めてもいいのです。多くの場合、人は、他の人がどのような注目のされ方を望んでいるのかわかりません。ですから、自分が何を望んでいるのかを言葉にすることが大切です。欲しいと言ったからといって、注目の価値が下がるわけではありません。

赤ちゃんが、抱いてほしいと腕を伸ばしてきたときに抱っこするのは、あなたが進んで抱っこするのと同じくらい重要です。残念なのは、赤ちゃんが自分で動きはじめると、子どもが気持ちのよい注目を欲しがるときに、大人があまりそれに応えなくなってしまうことです。そうなると、子どもは気持ちのよい注目を受け取るための新しい方法を学ぶか、または気分の悪い注目を得ようとします。そのほうが、子どもの予想どおりにいくからです。

親が自問しなければならないのは、「子どもが、どういうやり方で注目を得ようとするなら、許せるのか？」つまり、「どういうやり方で、子どもにじゃまされるなら、許せるのか？」ということです。「わたしはじゃまされたくない」と言うのは現実的ではありません。なぜなら、それは子どもの基本的な要求を無視することになるからです。

シンディーの例（114ページ）のように、子どもはなんとかやりとおします。最初シンディーは本を読んでもらおうとしました。それがうまくいかないと、お母さんが無視しないとわかっているような方法を試したのです。親は、子どもからどう求められるのがいいか、選択肢を握っているのです。

⬇練習4－2

1日に15分、子どもと過ごす時間をとるだけで、子どもの心は落ち着く

注目を浴びたいという子どもの要求を満足させるひとつの方法は、その子とだけ過ごす特別な時間を毎日設けることです。それはお父さんかお母さんのどちらかと過ごす時間で、子どもがそれをあてにできるくらい、定期的に行う必要があります。

もっとも効果的にするためには、その時間を、子どもの望むことや必要とすることのために使うのです。この注目の時間は、親が何をするかを決めるのではなく、子どもが決めます。

たとえば、この時間は子どもが進んで習おうとしない限り、文字や数字を教えるための時間ではありません。時には、子どもは大人にただ自分のそばにいて、見ていてほしいと望むかもしれません。

注意してほしいのは、親が他のことを考えていたり、電話に出たり、本を盗み見たりするのでは、子どもへの注目の時間にはならないということです。

興味深いことに、多くの親は、1日にわずか15分でも子どものために時間をとるだけで、それ以外の時間のぐずりや不当な要求が目に見えて減ってきたことに気づいています。

よい行動を気持ちよく認めて、習慣づける

多くの場合、学習理論や行動療法は、幼児や就学前の子どもの行動を変えるのに、とても効果がありますが、子ども自身の問題解決能力を養うことには、あまり効果がありません。ですから、他の方法と合わせて使うとよいのです。

一般的には、人はどういう行動をとるか学んで身につけるといわれています。わたしたち一人ひとりに、だれかが、または何かが、こうふるまうようにと教えてきたのです。ですから、前からある行動をなくすこともできますし、また新しい行動をその代わりに学ぶこともできます。

学習理論には、小さい子どもの行動を変えることに関する4つの概念があります。①気持ちよく認めること、②認める回数、③無視、④力で押さえつける、です。最初の2つは、この章で取り上げ、残りの2つは第6章で取り上げます。

気持ちよく認めて、よい行動を増やす

気持ちよく認めることは、よい行動を増やすことにつながります。子どもがよい行動をしたら、そ

れを習慣づけるためにすぐに気持ちよく認めます。そのときに、何かうまいものを使います。それは、子どもが欲しいものとか、必要なものなら何でもかまいません。食べ物でも称賛、注目、おもちゃ、その他、子どもが望むものなら何でもいいのです。認める前に、短くても間をあけてしまうと、それを使う効果は失われるか激減するかします。

気持ちよく認める方法を使う場合、子どもを指導するための他のテクニックを使うときと同様、親は子どもに本当に何を望むかを見きわめ、その行動が子どもの年齢にふさわしいかを判断し、その行動の頻度を調べます。これがどのようにうまくいくのか、簡単な例でみてみましょう。

《アリスの場合》

アリス（2歳半）はたまに（1週間に1度）、服を脱ぐときに、その汚れた服を洗濯カゴに入れることがあります。アリスのお父さんは、毎回入れるようにしてほしいと思っています。洗濯カゴはアリスの部屋にあるので、ちょうどいいのです。お父さんは「汚れた服を洗濯カゴに入れる」ことを、ほめることによって認め、習慣にしようと決心します。

この場合、望ましい行動は、アリスがたまにすることなので、お父さんはアリスが次に服を洗濯カゴに入れるまで待ちました。

アリスが次にカゴに入れたとき、お父さんはすぐに「アリス、自分で服をカゴに入れてくれて、ほんとうにうれしいよ」と言いました。

次の晩、アリスがもう一度そのことを思い出したとき、お父さんは「わあ、今日も洗濯カゴに服を入れるって、覚えてたんだね。ほんとうにうれしいよ」と言って、その行動をほめて認めました。しかし、次の晩は、アリスは忘れてしまいました。お父さんは何も言わず、自分で服をカゴに入れました。それから数日の間、毎晩アリスは服をカゴに入れるのを思い出し、そのたびにほめられることで認められ、習慣になっていったのです。

この例のなかで、アリスのお父さんはよい行動を限定し、子どもの発達段階において準備ができているかをチェックし、気持ちよく認めるためにほめることを選び、その行動が起こるたびに即座に、ほめたのです。

この方法は、アリスのお父さんにとってうまくいったように、あなたにもうまくいくでしょう。ただし、何が起こっているかをきちんと把握していないと、反対にうまくいかないこともあります。

これは、そのために使うものが大人にとって気持ちのよいものでない場合、たとえばおしりを叩くとか怒るとかいうことだと、むしろうまくいかないでしょう。あと2つの例をみて、そこで子どもたちが何を学ぶか考えてみましょう。

【例1】幼児が自分のコートを初めてコート掛けに掛けます。お母さんはすぐに気づき、「コートを自分で掛けたのね、すばらしいわ」と言います。その子はにっこり笑って、それから遊びはじめます。

次の日、その子はまたコートを自分で掛けます。

【例2】 お父さんは家庭内の経費の支払いのことで忙しくしています。娘はお父さんの注意を引こうとしますが、無視されます。そこで、その子はソファーのクッションを全部下におろし、クッションの上で跳びはじめます。お父さんは仕事の手を止め、クッションを元にもどしなさいとどなります。その子はゆっくりとクッションをソファーにもどします。

どちらの場合も、親の注目が、子どもの行動を習慣づけるものとして用いられました。最初の状況では、子どもはコートを掛けることを学んでいます。2番目の場合は、子どもはクッションの上で跳ぶことによって、お父さんの注意を引くことを学んでいます。

親は、おしりを叩くことやどなることが、その行動を認めてしまうことになり、やめさせようとしている行動をむしろ増やすことになると聞くと驚くようです。その反対もまたありえます。あなたが子どもの好きそうなことをして、それがよい行動を習慣づけると期待しますが、そうならない場合もあるのです。まったく何も効果がないか、よい行動がかえって減ってしまうかするのです。

もしあなたが、ある行動を身につけさせようとしているのに、その行動が増えないのなら、使われているものがうまく機能していないのです。いくつか考えられる理由を、131ページにあげてあります。

どんなことを身につけさせたいか

気持ちよく認める方法には、一般的には2つの方法があります。ひとつは、あたりまえのことですが、あなたがよいと思う行動を積極的に認めることです。その行動は限定されたもの、自分で着替えるとか、おもちゃをしまうとかでもいいし、一般的なもの、あなたが好ましいと思う性格などでもいいのです。

たとえば、親が従順さを大事だと思うなら、自分が言ったことを、子どもがすぐに実行するようにしたいかもしれません。または、自己を抑制することが大事だと思うなら、子どもの自己抑制力を身につけさせたいかもしれません。とくに、子どもにとってそれが難しいような状況であればなおさらです。

あなたが好ましいと思う子どもの性格を調べ（練習1－2、43ページ）、どのような行動があなたにとって重要だったかを思い出してみましょう。

気持ちよく認める方法を使う2つ目は、よくない行動をよい行動に置き換えるためのものとしてです。代わりの行動を選ぶための方法は、第6章で扱います。

子どもと親のやりとりのなかで、2つの学習が同時に行われています。ひとつは、子どもが学んでいることで、もうひとつは親が学んでいることです。前にあげた2つの例をもう一度見直し、親が何を学んだかを考えましょう。

最初の状況では、お母さんは、自分が望むことを子どもにしてもらうため、子どもをほめることを学んでいました。お母さんが子どもをほめると、その子はにっこり笑い、次の日も望ましい行動をくり返したのです。

2つ目の状況では、お父さんは娘に注目すること（この場合はどなること）で、自分の望みを手に入れることを学んでいました。お父さんはどなり、子どもはクッションをもどしはじめました。どちらの状況でも、親と子、双方が学んでいるのです。

➡練習4―3

ほうびとわいろの違い

「子どもがすべきことをしただけなのに、どうしてほうびをあげなくてはいけないの？」

その第一の理由は、今述べたように、その行動を子どもが続けるように励ますためです。

あなたがある行動を気持ちよく認めると、子どもは、あなたがその行動を気に入っていることを知り、そうしなかった場合よりも、子どもはその行動を続けようとするでしょう。

たとえば、人から何度もほめられた洋服は、一度もほめられなかった洋服より、あなたはよく着るでしょうし、着ていて気分がいいでしょう。

「でも、わたしがいいと思うことを子どもがするたびにそうするなんて、めんどくさいんですけど」

幸いなことに、その必要はありません。「ぴったりのタイミング」という項目で、認める頻度をいつ、どのように減らすかについて取り上げます（128ページ）。

「気持ちよく認める、まるでわいろのように聞こえます。わいろとはほんとうに違うのですか？」

もちろんです！

短期的なほうびと長期的なほうび、そして中間的なほうび、というふうに考えるといいかもしれません。

短期的なほうびは、わいろです。わいろとは、その前にしたよくない行動をやめさせるために使われます。わいろ、または短期的なほうびは、望ましくない行動を認めてしまいます。同じ結果を得るために、あなたはわいろを出し続けなければならないでしょう。わいろは、望ましくない行動を一時的に止めますが、望ましい行動を増やすことにはなりません。

長期的なほうびは、望ましい行動のすぐあとに与えられ、望ましくない行動ではなく、望ましい行動を強める結果になります。もっとわかりやすく言えば、長期的なほうびは予告なしに出されます。

中間的なほうびは、短期的と長期的なほうびの中間を意味します。

違いをはっきりさせるため、次の状況をみてみましょう。

《アーサーの場合》

昨日、お母さんは数人の子どもたちを車で公園に連れていきました。その途中、息子のアーサーが、友だちのことをつつきました。やめるように言われたのに、アーサーはやめません。状況はますますひどくなり、みんながイライラし、楽しくなくなりました。

今日は、またゴタゴタが起こるのではないかとお母さんは心配し、お菓子を持ってきました。

＊短期的なほうび　お母さんはゴタゴタが起こってから、もし静かにするなら一人ひとりにお菓子をあげますよと言います。すると、子どもたちはすぐにおとなしくなったので、お母さんはお菓子を渡すことにします。

＊長期的なほうび　お母さんはお菓子を持っていることを秘密にします。子どもがゴタゴタを起こす前に、車の中でおとなしく、なかよくしてくれてうれしいと言って、お菓子を渡します。

＊その中間のほうび　お母さんは、子どもが車に乗るときに、タイマーが鳴るまでの間、おとなしくなかよくしていれば、お菓子を持ってきているのであげるわと言います。子どもたちはおとなしくしているので、タイマーが鳴ったあと、お母さんは子どもにお菓子を渡します。

1番目のケースでは、子どもたちは、おやつをもらうには騒がしくすればいいということを学びました。2番目と3番目では、おとなしくしていればおやつをもらえることを、学びました。1番目のケースでは、静かにさせるために、親はいつも「買収」しなければならないということがわかります。2番目と3番目では、ほうびを出すのを徐々に減らしていくことができます。

ぴったりのタイミング

よい行動を身につけさせるには、気持ちよく認めるタイミングをはかる必要があります。もし子どもがあなたがよいと思うことをするたびに、積極的に認めなければならないとすると、重荷になってしまうでしょう。幸いなことに、そうする必要はありません。

そのタイミングはさまざまに変えることができます。

ある行動が起こるたびに気持ちよく認めると、学習はもっとも急速になされます。しかし、同じ行動に対し、認められなくなると、忘れることも速いのです。新しい行動が断続的に認められると、それを学習する速度は遅いかもしれませんが、認められなくなったときに、忘れる速度もゆっくりです。学習の速度を速め、しかもそれを持続させるもっとも容易な方法は、その行動が学習されるまでは、毎回気持ちよく認めることです。それから、その回数を1カ月に1度にするまで、だんだん頻度を減らしていくのです。

積極的に認める頻度を減らす場合は、気まぐれにするのではなく、しっかりした計画のもとに行うべきです。ある行動に対し、初めてそうせずにすませるとき、たんに何もしないのではなく、何か他のことをしているふりをするとうまくいきます。大切なのは、子どもが次にその行動をしたときには、必ず認めることで、子どもがそれをやめてしまわないようにします。

アリスの例をもう一度取り上げ、お父さんがどうやって頻度を減らしたかみてみましょう。

《アリスの場合》

アリスが汚れた服を洗濯カゴにちゃんと入れるようになってから、お父さんは気持ちよく認める回数を変えることにしました。次の晩、アリスが服を脱ぎ、カゴに入れたとき、お父さんはおもちゃを片づけているようにしました。そうしながら、アリスが何も言われないことに、どう反応するかを盗み見ていました。アリスはちょっとがっかりしたようでしたが、そのままパジャマを着ました。

次の晩、アリスが服をカゴに入れたとき、お父さんはこう言いました。

「わあ、カゴに服を入れるのを、よく覚えていたね。ぼくが他のことをしていて、見ていないときにも、ちゃんと覚えてるんだね」

次の週は4回、その次の2週間は3回ずつにし、そうしてそれ以降は時どき、1週間に1～2回言うだけにしました。

子どもにとって特別なほうび

気持ちよく認めるために用いるものは、子どもが望むこと、必要なもの、またはいつか手に入れたいと思っているもの、時間、注目、食べ物、お金など何でもかまいません。あなたがほうびとして何かを差し出すときは、これは特別なほうびだと言っているわけです。あなたがひとつのほうびだけ使い、他のものを使わなければ、子どもにとって、それが大切なものになってくるでしょう。

大切なのは、物であれ何かすることであれ、子どもが望むことでなければうまくいかないということです。

ほとんどの幼児にとって、もっとも効果があるのは、親が子どもに時間をさくことと注目をすることです。幼児はまだ仲間同士の強い友情を確立できませんから、幼児にとって、いちばん注目してくれるのは親や保育者なのです。

注目するには、称賛でも身ぶりでも、何か一緒にすることでもかまいません。称賛の正しい使い方と、誤った使い方については、この章の次の項目で取り上げます。

一緒に何かすることは、ほうびとしてすぐに使えます（「積み木をちゃんと片づけてくれて、とってもうれしいから、お散歩に行きましょう」）。または、就学前の子どもには、何か楽しい活動の予約券を渡してもいいのです。年長の子どもたちには、あなたがすぐに何かできないときに、予約券を使うやり方は効果的です。予約券を使う場合は、それをいつ使えるか、親も子もわかっていないといけません。親はそれをしっかり守らないと、予約券の効果はなくなります。

子どもがほうびに飽きたとき

気持ちよく認める方法が、その効果を失うときがあります。そのために用いるものは、それがどんなにすばらしいものであってもです。子どもが飽きてしまうか、または与えすぎた場合です。

たとえば、アイスクリームを与えるのは、1日に1回起きるような行動を身につけさせるにはうまく使えるかもしれません。ところが、子どもが1日に4回も5回もアイスをもらったら、アイスのもつ動機づけの力はそのうちに弱まるでしょう。

子どもはほとんど何にでも、シールであれ、公園に行くこと、お菓子、称賛であれ、飽きてしまう可能性があります。子どもに、ある行動を身につけさせるのに、長い時間かけてもうまくいかないときは、認めるために使うものを何か他のものに変える必要があるかもしれません。

よい行動がなかなか増えないときは

あなたがある行動を身につけさせようとしているのに、なかなかその行動が増えていかない場合は、何かが間違っているのです。何が問題なのかを明らかにするのに、次の4点を自問するといいでしょう。

●子どもがある行動をしたあと、「すぐに」気持ちよく認めていますか?

小さい子どもの場合は、すぐにしないと、有効性が失われてしまうことがあります。

●よい行動が起きるたびに、必ず気持ちよく認めていますか?

その行動をするたびに、毎回ほうびを与えられれば、子どもは短時間で学習します。行動が身についたら、回数を減らしましょう。

●ほうびは、子どもがほんとうに欲しいと思うようなものですか?

親は、子どもが好きだと思うようなものを与えているつもりでも、子どもが関心をもたなかったり、むしろそれを嫌うこともあります。

●よい行動は、他の人がわかるくらい、しっかり特定されていますか?

親は、よい行動というものはわかっていても、他の人にはっきりと説明できないことがあります。もし他の大人が、よい行動とはこのことだとはっきり特定して説明できないようなら、子どももおそらくできないでしょう。

何がよかったのか、子どもに伝わるようにほめる

ほめるのは、気持ちよく認めるときの、もっとも一般的なやり方のひとつでしょう。これには、いつでもできるという利点があります。しかし、ほかの方法と同じく、効果的に使うこともできますし、またあまり効果があがらないこともあります。

効果的にほめるには、よい行動が起こったら即座に、「あなたがしたことは、とてもいいわね」と子どもに言うこと、そして心がこもっていることが大切です。

何がよかったのか、子どもに伝わるようにほめる

効果的な称賛は特定的です。特定的なほめ方とは、子どもがしたことと、それについてあなたが感じたことを率直に述べることです。たとえば、「トミー、あなたがコートを掛けたの、わたしはとてもうれしいわ」というふうにです。あることを成しとげたか、しようと努力しているのをほめることもできます。

もしあなたが「いい子ね」としか言わないとすると、何を指して「いい子」なのか、あなたが気に

入っている一般的なことを言っているのか、コートを掛けたせいか、玄関のドアを閉めたせいか、自分の頭に浮かんだ考えのせいか、それともまったく違う何かについてなのか、子どもにははっきりわからないでしょう。

特定してほめると、誤解を招く可能性が減ります。一般的なほめ言葉、「よくできたわね」や「うまいわ」などが、それほどあいまいに聞こえないのは、子どもが明らかに何かをしようと努力していて、ようやく成功したといった状況のときだけです。

一般的なほめ言葉は、幸せだとか、満ち足りているという感情を生み出します。ただし、子ども自身がそのとき、自分は「いい子」だとか「機嫌がいい」と感じていなければ、それは裏目に出ることがあります。

自分はいい子だとは感じていないのに親にほめられると、子どもは親に、自分は全然いい子でなんかないと示すために、何かするかもしれません。もし親が、その状況で自分が何を見、どう感じたかを具体的に言っていれば、そのような事態は防ぐことができるのです。なぜなら、何をほめられているかはっきりするからです。

すぐにその場でほめる

よい行動のすぐあとにほめなければなりません。

ほめるタイミングをはずして遅れてしまうと、それがほんのちょっとの間であっても、望ましい行動を強化する効果は減ってしまいます。

もし子どもが他の子どもたちとなかよく遊んでいることを身につけさせたいのであれば、ほめるために、あなたもその場にいないといけません。だからといって、子どものいる部屋にわざわざ行く必要はありません。ほめるのにもっともよい時間帯は、子どもたちが遊び終えるころです。遊んでいる最中に中断させてほめると、ほめられたあとは、もうそれほどなかよくしなくてもかまわないと思うかもしれません。遊びが終わったあとに、ほめてあげればよいのです。

心からほめる

心をこめてほめなければなりません。

子どもは、称賛が心からのものでないと、敏感に見抜きます。もし物事の全体的な経過が、それほどあなたの気に入るものでなくて、それでもなお子どもをほめたいときは、気に入った部分を見つけ、その部分だけをほめます。

たとえば、娘が描いた絵を見せに来たとして、あなたがそれほどいいとは思わなかったら、「まあ、すてきね」と言うのはよくありません。その絵の中であなたが好きなもの、使われている色とか、面白い形とか、全体の色合いとか、子どもがどんなに頑張ったかを見つけ、その部分だけを具体的にほめるのです。

子どもがいやがるほめ方

称賛の価値をなくす確実な方法は、否定的なコメントや比較をつけ加える場合です。これは、称賛のサンドイッチ的なやり方と呼ばれることもあります。たとえば、

「テリー、今日はおもちゃを片づけてくれて、うれしいわ。明日も忘れないでやってほしいわ」

次の日に対する期待を否定的な言い方で言うと、ほめられる楽しみを奪ってしまいます。そのうえ子どもに、自分はあまりうまくやっていないという気持ちにさせてしまいます。とくに大きな子どもを持つ親は、子どもに文句を言いたいときに、そのトーンを少しやわらげるために、その前後にほめ言葉を入れることがありますが、それはよくありません。

子どもがほめられるのに飽きるとき

子どもは称賛に飽き飽きすることもあります。ほめることは、子どもの自己イメージを伸ばすのにいいのですが、その頻度や程度があまりにも多いと、動機づけとしての効果が薄れる場合があります。親が小さい子に、おしっこをトイレでするように教えていて、子どもがようやくトイレでするようになったとき、あまりにもうれしくて、ほめすぎてしまうと、こうなることがあります。

⬇練習4－4

この章では、注目する必要性を認めることや、よい行動を気持ちよく認めること、前向きなほめ方を使うことを通して、よい行動を増やす方法をみてきました。これらは、子どもの行動を変えるため

に、あなたがもっているもっとも効果的な手段です。また、新しいスキルを教えたり、よくない行動をなくすためにも役立ちます。これらが効果的なのは、子どもに何をしていいかを教えるからで、何かをしないように教えるのではないからです。

練習4-1 注目の種類を見分ける

次のそれぞれの状況に、与えられた注目が肯定的であれば○を、否定的であれば×をつけ、条件つきであれば「条」、無条件であれば「無」と書いてください。

1．新しい洋服を着た女の子に
「わあ、その洋服、とても似合うわ」
2．手伝ってほしいと言ってきた子どもへの反応
「何をしてほしいんだい、おばかさん」
3．テレビのほうに向かっていく子どもに
「テレビのスイッチにもう一度触ったら、あなたのことなんか嫌いよ」
4．散歩をしながら子どもに
「あなたのことが好きよ」
5．コートを掛けている子どもに
「それはいいわね」
6．大きな花瓶を壊した子に
「悪い子ね。なんて悪い子なんでしょう」
7．ベッドに入った子に
「おやすみ。いい夢を見てね」
8．床にミルクをこぼそうとしている子に
「もしあなたが床にミルクを捨てたら、ママは怒りますよ」
9．おもちゃを全部（積み木も本もパズルも）床にばらまいて、片づけようとしない子に
「あなたはほんとにひどい子ね。あなたなんか、生まれてこなければよかったのよ」
10．本を持って、お父さんのひざの上に乗ってきた子に
「お前がぼくの子で、うれしいよ」
11．赤ちゃんのほうに近づいていく子に
「もしもう１回赤ちゃんをぶったら、あなたはほんとうに悪い子だってことね」
12．洋服と格闘している子に
「ひとりでズボンをはこうとしてるのね、うれしいわ」

練習4-2 注目の好み

次の状況を読み、注目の好みに関する質問に答えてください。

1. あなたは部屋のペンキを塗り終わり、家具をすべて並べ直したところです。
   a. 連れ合いがこの部屋を見たとき、どのような反応をしてほしいですか？
   ほめる　　　お礼を言う　　キスする
   抱きしめる　にっこり笑う　その他

   b. もし連れ合いが部屋に入ってこなければ（つまり、あなたがしたことをまだ見ていないとすると）、あなたはどう対応しますか？

   c. 状況が逆の場合、連れ合いが自分のしたことをあなたに認めてほしいとき、どうしてほしいですか？

2. あなたにとって、とてもしんどい１日でした。連れ合いが出かけていたので、子どもたちを動物園に連れていき、それからレストランに行きました。何もかもうまくいきませんでした。だれもが、あなたをいらだたせるようなことをしたのです。
   a. その晩、連れ合いがもどってきたとき、あなたは何をしてほしいですか？

   b. もし状況が逆で、あなたの立場に連れ合いが立ったら、どうしてほしいですか？

4．カレン（1歳3カ月）は、毎晩お父さんが帰ってくると、「ハイ、ダダ、ハイ、ダダ」と言いながら、ドアのところまで駆けていきます。お父さんはカレンを抱き上げて、うれしそうに「やあ、おちびちゃん、今日はご機嫌かい？」と聞きます。

認められた行動

認めるためのもの

5．マット（2歳）は、お父さんのところに本を持っていき、読んでと頼みます。お父さんはそれを無視し、新聞を読み続けます。マットは赤ちゃんのところに行き、おもちゃを取り上げて、泣かせてしまいます。お父さんは新聞を読むのをやめ、怒ります。「おもちゃをすぐに返すんだ。なんて悪い子なんだ。ほんとうに悪い子だ」

認められた行動

認めるためのもの

練習4-3 気持ちよく認めるためものを見つける

次の1～5の状況のなかで、ある行動が積極的に認められています。どの行動が認められているか、またそのために用いられているものは何かを見つけてください。

1．メアリー（1歳）は転んでしまい、お母さんのほうを見上げて、泣きはじめます。お母さんは急いで駆けつけ、メアリーを慰めます。

認められた行動

認めるためのもの

2．アニー（2歳半）がお城を作っているときに、ピーター（9カ月）がハイハイしてきて、それを壊します。アニーはお母さんに「ピーターを、あっちに連れていって」と頼みます。お母さんは本を読んだままです。ピーターは積み木をまた壊してしまい、アニーは力まかせにピーターを押します。お母さんは急いでやってきて、アニーを叱り、ピーターを連れていきます。

認められた行動

認めるためのもの

3．リッキー（1歳半）が水をこぼしてしまいます。そこが汚れてしまったのをしばらく見てから、リッキーはスポンジを取って、拭きはじめます。お母さんはにっこり笑って、「自分がこぼした水を拭いてくれて、うれしいわ」と言います。

認められた行動

認めるためのもの

練習4-4 効果的なほめ方を見つける

効果的なほめ方の例には○、効果のないほめ方の例には×と書いてください。

効果のないほめ方の場合は、何がよくなかったのか、またそれを効果的なほめ方に変えるには、どうほめるかも示してください。

1. あなたの毛布をおばあちゃんのところに持ってくるのを覚えていてくれて、うれしい。よく覚えていたわね。
2. おまるに座るのを覚えていてくれて、うれしいわ。次も忘れないといいけど。
3. 小さいのに、ほんとうによくやったわ。
4. お部屋の中が、とてもきれいね。あなたが積み木も、パズルも、本も片づけたのね。
5. (小さい子が自分でズボンをはこうとしているが、うまくいかない。その子に)まあ、このズボンとよく格闘したわね。自分で服を着るのは、大変よね。今朝、あなたが自分で着替えようとしてくれて、うれしいわ。
6. 髪の毛についていたオートミールを取ったから、やっとまともになったわね。
7. あなたは積み木をリッキーにも使わせてあげてるのね。それはいいわ。リッキーは積み木で遊べて喜んだでしょうね。
8. お昼ごはんの前に、静かに遊べたのは、とてもよかったわ。今も、静かに遊べるかしら?
9. (三輪車を片づけてから、入ってきた子に)よくできたわ!
10. (親にとっては気持ちの悪い、長いぬるぬるしたミミズを持ってきた子に)ええ、スージー、かわいいミミズだわ。

練習の答え

練習4-1

1．○条　2．×無　3．×条　4．○無　5．○条　6．×無　7．○無
8．×条　9．×無　10．○無　11．×条　12．○条

練習4-3

1．メアリーは、注目と慰めにより、泣くことを認められた。
2．アニーは、母親がピーターを連れていくことにより、ピーターを泣かせることを認められた。
3．リッキーは、称賛と注目により、こぼした水を拭くことを認められた。
4．カレンは、注目されることにより、お父さんに挨拶することを認められた。
5．マットは、怒ることと注目により、赤ちゃんからおもちゃを取り上げることを認められた。

練習4-4

1．○　特定的
2．×　否定的な比較：次も忘れないといいけど。
修正：おまるに行くのを覚えていてくれて、うれしいわ。
3．×　否定的な比較：「小さいのに」と言うと、本当はあまりうまくできていないという意味合いになってしまう。
修正：よくできたわ！
4．○　特定的
5．○　特定的（しようとしていることに対し。うまくいったことにではなく）
6．×　否定的な比較：その前は、ひどかった。
修正：とてもきれいになったわ。
7．○　特定的
8．×（お昼ごはんがすんで、ここで初めて言ったのであれば）
時間がたっている：昼ごはんの前に、ほめるべき。
修正：あなたたち、とても静かに遊んでいるのね。
9．効果的であるが、一般的。（一般的なものでなく、特定の行動をほめる）
10．×　正直でない：親はミミズをかわいいとは思っていない。
修正：まあ、そのミミズはなんて長いんでしょう。

第5章

子どもに
新しいことを教える

子どもが、あなたの望むような行動をとるとき、そうしたよい行動をほめるのはとてもいいことですが、子どもがまだしたことがないけれど、子どもにこれからしてほしいと思う行動もあるでしょう。

幼い子に、まだその子がしたことのない行動を教えるには、次の3つのテクニックがあります。

1 **手本を示す**
2 **簡単な指示を与える**
3 **具体化する**

これらのテクニックは、この章にまとめてありますが、その前に、新しい行動をどれだけ効果的に教えられるかを左右する、いくつかの要素をみてみましょう。

教え方を左右するもの

親も子も気持ちが落ち着いているときに教える

学習は、何も感情的な問題が起きていないときにのみできます。長期的な学習は、親か子どものどちらかが何かに腹を立てているようなときには、まず進みません。ですから、子どもか親がイライラしたり、していることに飽きてしまったりする前に、「学習」を切りあげることが大事です。

子どもの発達レベル

学習は、子どもに新しいことを学ぶ準備ができていなければできません。子どもに何かを教えようと長い時間をかけるのは、子どもがそうする準備ができていなければ、むだなことです。

たとえば、7カ月もかけて、生後6カ月の子どもに歩くことを教えることもできますが、子どもが1歳になるまで待てば、教える時間も大変さも大幅に軽減することができます。おしめをはずすことも同じです。子どもがおしっこをがまんすることができ、自分の意思でおしっこをすることができ、おしっこをしたいからトイレに行こうと思うようになるまで親が待てば、ずっと短時間でできます。

身体的に準備ができているかに加え、そのことの意味を理解する能力が、子どもに備わっているかどうかを、大人は知る必要があります。このことをよく理解するために、色について学ぶときのことを考えてみましょう。

子どもたちにとっては、信号や靴などといった一般的な物の色を、赤い信号とか青い靴というふうにその名前の一部として覚えるのは比較的簡単なのです。しかし、色をほんとうに理解するためには、子どもは「色」と呼ばれるものの特性を学ぶ必要があります。

そうするために、「同じ」とか「違う」ということを理解し、またそれぞれの色の概念をつかむ必要があります。たとえば、いつ赤が赤でなくなって、紫やオレンジやピンクになるかということです。子どもがこうした概念をとらえるまでは、色を子どもに教えようとしても、子どもも大人もただイライラするだけです。

子どもは具体的な経験から学ぶ

子どもたちは、具体的な経験を通してのほうが、こうしなさいと指示されるよりもよく学びます。たとえば、「いっぱい入っている」のと「からっぽ」とを理解するのに、砂場やお風呂でじっさいにカップを使って遊ぶことを通してのほうが、「セサミストリート」でアニメの説明を観ることよりも、役に立ちます。

子ども自身がやる気になる

学ぶ意欲がある子は、そうでない子より、短時間で学習することができるでしょう。次にあげる状況は、どんなふうに学習がうまくいくかを示してあります。

《2歳の男の子のトイレ・トレーニング》

ある母親が、子どものおしめをとろうと、何度か試みて失敗してきました。それでとうとうそのお母さんは子どもに、男の子は3歳になると（4カ月後）、トイレでおしっこをして、大きな男の子用のズボンをはくようになるのよ、と言いました。それから2人で、3歳や、それより大きな男の子たち何人かに会って、それがほんとうであるか確かめました。

すると、その子は3歳になった日に、大きなズボンはどこにあるのかと聞いてきました。これからはおしっこをトイレですることにしたからというのです。このときは、それまでとは違って、おしめをとることが大変スムーズにできました。

もし親が子どもに、ある特別なとき、たとえば、夏休みとか誕生日、おばあちゃんの訪問などを過ぎたら、違うことをする、または新しいことを学ぶという心の準備をさせることができれば、学習はずっとスムーズに進むでしょう。

こうしたことは、子どもが学ぼうとする能力ややる気に影響を与えます。それを考慮しないで教えようとすると、むだな時間がかかるし、うまくいかずにがっかりすることにもなります。

ここで、子どもに新しい行動を教えるときの3つの方法を示します。①手本を示すこと、②簡単な指示を与えること、そして③具体化することです。これらの方法は、単独でも、また組み合わせて使うこともできます。

子どもは、まねをしながら身につける

手本を示すのは、しつけをするときの、もっとも有効なやり方でしょう。幼児というのは、もともと人のまねをするものです。大人や他の子どもたちがすることを見て、そのほとんどどれもまねしようとします。親がしているように、本を読んだり、食卓の用意をしたり、親の服を着たり、道具を使ったりします。子どもがこうして熱心にまねようとするのをうまく利用すればいいのです。

もしあなたが手本を示すことで、子どもにスキルや行動を教えたいと思うなら、子どもにこうしてほしいと思うとおりに、あなたがやってみなければなりません。

子どもにおもちゃを片づけてほしいのであれば、子どもがいるところで、あなた自身が片づけてください。もし息子に料理をしてほしいなら、その子の目の前で料理をしてください。娘に新しいおもちゃを使ってほしいなら、その子がいるところで、そのおもちゃで遊んでみてください。

子どもがいないところで自分ひとりでおもちゃを片づけたり、料理をしたりするのは、効果的ではありません。子どもがいるところでしなければならないのです。さもないと、子どもは、日が昇ったり、夜が来たりするのと同じように、すべてのことが、何もしなくても自然に起こることなのだと思

ってしまいます。

子どもがよい行動をとるようになったら、なんらかの方法でそれを持続させるようにしてください。さもないと、そのうちにしなくなるかもしれません。親は、子どもがある行動をするようになったら、ずっとし続けると思いがちです。その行動やスキルが子ども自身にとって楽しいものでない限り、そうはなりません。

子どもは見るもの、聞くものを何でもまねするかもしれないということを、覚えておくといいでしょう。あなたの性格上の「好ましい」特徴も、「好ましくない」特徴も、子どもは取り入れるでしょう。もし子どもに静かに話をしてほしいのであれば、あなたが静かに話をしなければなりません。子どもにタバコを吸ってほしくないのであれば、あなたもタバコを吸うべきではありません。

子どもは大きくなるにつれ、家族以外の人たちや、テレビで観たものをまねるようになります。たとえば、あるお母さんは子どもに、クッキーモンスター（訳注「セサミストリート」に登場するクッキーが大好きなキャラクター）のようにクッキーを口に詰めこんではいけないのよと、何度も言わなければならなかったそうです。

➡練習5−1

言葉としぐさで教える

簡単な指示を、言葉としぐさで与えることで、子どもに新しい行動を教えることもできます。幼児に指示を与えるときは、その言葉としぐさも、また概念も、とても簡単なものでなければなりません。簡単な指示をしぐさとともに与えるやり方は、幼児が話せるようになる前からできます。言葉を話す以前に、言葉を理解する能力は発達するのですから。

ただし、小さな子は一度にひとつのことしか覚えられません。言葉で指示を与える場合は、なるべく短くまとめましょう。身ぶりを加えると、どういう行動が望まれているのか、よけいはっきりします。次にあげる例にそれが示してあります。

《ポールの場合》

母親は生後9カ月のポールに、ソファーからどうやって下りるかを教えたいと思いました。ポールがソファーの端まで来たとき、「後ろを向いて」と言いながら、ポールのからだを後ろ向きにし、それから「足からね」と言いながら、そうっと足を引っ張って下ろしてやりました。それを何回かくり返すと、ポールは自分で向きを変え、足から下りはじめました。

⬇練習5−2

いくつかの小さな目標に分けて、具体的に教える

行動によっては、幼児にとって複雑で難しすぎるので、一度でそのスキルを完全に学んだり、少し変えたりすることはできません。具体化するというのは、大きな課題や目標を、もっと細かくやりやすいものにする方法です。新しいスキルを教えるか、もうすでにできるスキルを伸ばすのに使うことができます。

具体化という方法をうまく使うには、事前の計画と観察が必要です。これには、次のような4つの基本的なステップがあります。

1 状況を見きわめる
2 計画を立てる
3 実行する
4 再検討・修正する

状況を見きわめる

具体化するという方法を、今あるスキル、たとえばひとり遊びをもっと長くさせるために使いたい、と思ったら、そのスキルの現在の頻度やレベルを見きわめる必要があります。そうするには、子どもにひとりで遊んでごらんと言って、ひとりで遊べた時間を3~4日続けて計ります。

もしスキルそのものがまったく新しいものであれば、その子の今の年齢にふさわしいものかどうか、また子どもがそれに興味を示しているかどうかをチェックしてください。

細かいステップに分けて教える計画を立てる

計画を立てるには、スキルを細かいステップに分けること、そして子どもにそれをどう説明するか(手本を示すか、簡単な指示をするか)、またそれぞれのステップをどう学ばせるかを事前に決めることが必要です。

プロセスをいくつかのステップに分けたら、子どもに第1ステップから始めさせ、最後に向けて進ませてもいいし、最後のステップから始めさせて、最初に向かってゆっくりとステップをつけ加えてもいいのです。

もしまったく新しいスキルを教えるのなら、各ステップごとに、うまくできたことをわからせるだけでなく、ステップを追って進むやり方を理解させる必要があるでしょう。

計画を実行する

あなたの計画ができあがり、親も子も「感情的に問題のない」（どちらも怒ったりしていない）という状況なら、具体化することを始めます。学習というのは、感情的に、また発達レベルに問題のないときにしか有効ではありませんから、もし子どもがイライラしてきたらやめるか、能動的に聴く（88ページ）かしましょう。

最初は、子どもがそれぞれのステップをうまくできたら、ほうびを与えます。子どもが第1ステップを何回かうまくやれたら、もっとステップを増やすことにより、しだいに課題の内容を複雑にするか、十分にわからせるために、その行動の時間を延ばすかします。

実行した計画をふりかえる——検討と修正

2～3回やってみたら、進歩の度合いを調べることが大事です。そうすれば、学習が計画どおりに進まない場合でも、多くの時間をむだにしなくてすむし、不必要なイライラ感を味わわずにすむからです。もしうまくいっているようなら、プランどおりに続けてください。うまくいっていなければ、次の3点を確かめてください。

- 問題をさらに細かいステップに分けることができるか
- 子どもが何を期待されているかわかっているか
- 子どもがほんとうに学習する準備ができているか

具体化するテクニックをどう使えるか、比較的簡単な例でみてみましょう。タニアのお母さんは、タニア（1歳8カ月）に、汚れた洋服を洗濯カゴに入れるようになってほしいと思っています。タニアはそれまでにその行動をしたことがありません。

《タニアの場合》

洋服を洗濯カゴに入れるスキルは、タニアがまだしたことのないものです。でも、お母さんは、タニアならできると思っています。タニアはひとりで上手に歩くことができ、洗濯カゴにいろんなものを投げこんでいるからです。

お母さんはこれを3つのステップに分けようと思います。

◎汚れた洋服を拾いあげる
◎それを洗濯カゴまで持っていく
◎それを洗濯カゴの中に入れる

お母さんはステップ3から始め、ステップ1に向かうことにしようと思います。その行動を教えるために、手本を示すことと簡単に指示をすることの両方を使い、ほめたり、抱きしめたりすることで、子どもにしっかりわかってもらいます。

タニアがパジャマを着たら、お母さんはタニアの洋服を拾いあげ、タニアを洗濯カゴのところへ連れていきます。

ソックスをカゴに入れながら、お母さんは「入れなさい」と言います。次に、タニアにシャツを渡し、「入れなさい」と言います。タニアが不思議そうなようすを見せると、お母さんは下着を、また「入れなさい」と言いながら、カゴに入れます。タニアがシャツをカゴに入れると、お母さんはタニアを抱きしめて、「よくできたわね」とほめます。

次の晩、お母さんは服を1枚だけ洗濯カゴに入れ、タニアがその他のものを入れました。そこから、お母さんはステップを逆もどりします。

4日目には、タニアは洋服を手渡されると、全部カゴに入れるようになります。その週の終わりには、タニアは洋服を自分で拾いあげ、カゴに入れるでしょう。

複雑な状況のとき

具体化する方法は、課題がもっと複雑で、説明するのが難しいときにも使うことができます。ジャネットの両親が、ジャネットにひとり遊びをなるべく長く続けてほしいと思ったとき、具体化という方法がどう使えるかをみてみましょう。

《ジャネットの場合》

ジャネットのお母さんはジャネットに、月曜、火曜、水曜と、1日1回ずつ、ひとりでしばらく遊ぶようにと言いました。持続時間は、月、火、水曜とそれぞれ2分、4分、3分でした。

お母さんもお父さんも、ジャネットはひとりで10分は遊んでもいいはずだと思いました。そこで、ジャネットがひとり遊びをやめる前に、ひとりで遊ぶんだよと念を押すことにしました。ということは、あらかじめ調べたときの最短持続時間である2分以内に、ジャネットが飽きたり、もぞもぞしたりする兆候がないかを、両親は見つけなければいけません。

お父さんがまずこの計画に取り組み、ジャネットのそばに何分か座って、一緒に積み木で遊びました。ジャネットが積み木に興味をもったら、お父さんは離れた場所に行って、「読書」を始めました。

1分半するとお父さんは、ジャネットが飽きたり、イライラしたりする兆候を示してないか、気をつけはじめます。ジャネットがイライラしはじめるとすぐに、お父さんはそばに行って、やさしく話しかけ、積み木にまた興味をもたせます。お父さんは、おもちゃに興味をもたせては本にもどる、というのをあと2回くり返し、その晩は終わりにしました。

次の日、お母さんがこのプログラムを続け、1分半過ぎたところで、落ち着きがなくなってきたかを見るようにし、そのうちそれが2分まで長くなったのに気づきました。そして、ジャネットは2分半までひとりで遊ぶようになったのです。

2週間後には、両親が同じ部屋にいれば、7分間はもつようになりました。ただし、親はその部屋から出ることはできませんでした。ジャネットがついてこようとするからです。そこで、初めにもどり、部屋からほんの短い間、出るということを始め、少しずつその時間を長くしていきました。

今あげた2つの例は、具体化が、簡単な行動にも複雑な行動にも使うことができることを示しています。具体化はとても有効なテクニックです。ただ、計画を立てることと、気長につき合うことが必要です。親によっては、それだけの時間を費やす価値があるかと疑問に思うかもしれません。場合によっては、問題をただがまんしたほうが簡単なこともあるでしょう。そうでない場合は、行動を具体化するのに要する時間を、

●子どもの行動が変わらなかった場合、そのために何年もの間、費やさなければならない時間

●子どもの現在の行動が変わらないために起こる、親が感じるイライラ感

と、はかりにかけてみましょう。

⬇練習5−3　練習5−4

忘れてしまったよい行動を思い出させる

子どもは、前にうまくできたことでも、やり方を忘れてしまう場合があります。そういうときは、「正しくやり直す」ことと「くり返す」ことで、子どもに思い出させることができます。こうしたやり方は、とくに身体的な習慣や行動に対してうまくいきます。

このねらいは、子どもによい行動を思い出させたり、学び直したりしてもらうことであって、忘れたのを罰することではありません。

一緒に正しくやり直す

これは、子どもに何かをする習慣を身につけさせる、簡単な方法です。

たとえば、玄関の戸を閉める、トイレの便座を下ろす、といったものです。子どもがもし忘れてしまったとわかったら、すぐに子どものところに行き、肩に手をまわし、その子が「間違い」をしたところまで連れていきます。そこから正しくやり直せるようにするためです。そこに連れていく間に、どういうことなのか説明します。たとえば、「まあ、ドアを閉めるのを忘れたのね、手伝うわ」というふうにです。子どもに手を貸すときに、あなたは気持ちよくやさしく接するようにしてください。

《24人のガールスカウトたちの場合》

わたしは、24人のガールスカウトの子どもたちの世話をしていました。「みんなが集まる部屋の中では、走らない」という規則がありました。女の子たちはここに来るとたいてい、うれしくてわくわくしていました。そのため、きまりを忘れて、走ってコートを掛けに行ったり、友だちに話しに行ったりすることが時どきあります。

だれかが走りはじめると、わたしはすぐにその子のところに行きます。まだ初めのころは、その子の肩に手をまわして、

「ジェニー、ここでは走らないで歩くのだってこと、忘れてしまったのね。じゃあ、さっきのところにもどって、やり直しましょう」

と言いました。

2～3週間するうちに、だれかが走ると、わたしはただその子のことを見るだけですむようになりました。するとその子は向きを変え、もとの場所にもどるのです。そのうち女の子たちは、こうやってもどってやり直すほうが、最初から歩くより時間がかかることに気がついたのです。

くり返して教える

くり返すことは、「正しくやり直す」のと似ていますが、この場合は、子どもがその行動を何度も行います。新しいスキルを学ぶのによい方法は、反復することです。積み木を積むことであれ、自分の名前を書くこと、やさしく触ることであれです。このことは、次の2つの話でわかると思います。

《ベッキーの場合》

ベッキーは、1歳4カ月の元気いっぱいの子どもです。ベッキーは何をするにも全力でしました。子ネコを見つけたときも、叩くようにしてなでました。それでわたしは、そうっとなでるやり方を教えました。すると、1～2分はやさしくするのですが、またなぐるようなやり方にもどってしまいます。もう一度そうっとなでるやり方を見せてから、わたしはもっと時間をかけて教えることが必要だと思いました。

そこで、座って、ベッキーをひざに乗せ、子ネコをベッキーのひざに乗せました。それからベッキーの手をとって、一緒に何回か子ネコをなで、それからひとりでなでさせました。なで方が乱暴になってきたときには、手をとって「そうっとよ。子ネコはやさしくなでられるのが好きなの」と言い、また、ひとりでなでさせます。こうして2～3日のうちに、ベッキーは注意されなくても、そうっとなでることができるようになりました。

《マーチンの場合》

マーチンは4歳のころ、マッチにとても興味をもちました。マッチを見つけたら、わたしのところへ持って来ることになっていましたが、そうしないでマッチをつけてしまうことがありました。マッチがどんなに危険なものかを説明しましたが、効き目はありません。

そこで、ある日、マッチの安全な扱い方について、教えることにしました。

まずマッチを1箱用意し、小枝や落ち葉を片づけて、安全な場所を作りました。それから、自分のからだから離したところでマッチをつけ、指をやけどしないように持つにはどうしたらいいかを見せました。そのことがよくわかったところで、わたしは彼にマッチをつけさせました。1本ずつ、1箱全部です。

それには長い時間かかりましたが、それ以来マーチンはマッチをつけようとはしません。どうすれば安全に使えるかわかったので、マッチがそれほど不思議なものではなくなったからでしょう。

「くり返す」ことは、初めて何かを教えるときにも、また子どもが忘れてしまったことを思い出させるときにも使えます。どちらにしろ、落ち着いて、子どもに手を貸すつもりで対応することが大事です。あせったり、批判的な態度でしてはいけません。

子どもの力を借りて、もっとよい方法を見つける

親子の間で争いが起こったとき、親は子どもと一緒に解決する方法を見つけだすことができます。就学前の子どもたちに使える、2つの話し合いの仕方があります。「もっとよい方法」と「一緒に問題を解決する」です。

もし子どもと話し合うことにするなら、子どものもっている問題解決の能力を考えに入れる必要があります。

話し合いをもっとも効果的にするためには、その人が今までに多少なりとも、①決定を下す、②アイデアを出す、③検討するといった作業を経験している必要があります。こうしたスキルは経験によって養われますので、始めるときには、親も忍耐力が必要になります。

話し合って、もっとよい方法を探す

話し合いを始めるもっとも簡単なやり方は、「もっとよい方法」を探すことです。

まず、親と子がそれぞれ何を望んでいるかを言い、それからもっとよい方法を探します。そして、

双方がいいと思った最初のアイデアを選びます。

問題解決に子どもを参加させると、子どもは、あなたが思いつかないようなアイデアを出してくるかもしれません。これがどういうふうに進むのか、次に例を示しました。

《エイミーの場合》

朝はいつも、わたしの家ではゴタゴタが起こります。エイミー（3歳ちょっと）が自分で服を着たがるのですが、それにはものすごく時間がかかります。その日はとくに、朝早く会議に出なければならなかったので、急ぐ必要がありました。エイミーに手を貸そうとしましたが、断られてしまいました。さっさと服を着せてしまおうかと思いましたが、いやがって騒ぐだろうし、ごたごたするのはわかりきっています。会議の前に子どもとけんかをしたくありませんでしたし。そのままのかっこうで保育園に連れていき、そこで着替えさせようかとも思いましたが、その代わりに、「もっとよい方法」を試すことにしました。


まずわたしは娘に、何が問題なのかを説明しました。

「エイミー、わたしがしたいのは、今あなたに服を着せて、出かけられるようにすることなの。あなたのしたいことは、自分で服を着ることね。他にもっとよいやり方はないかしら？　もっとよいやり方というのは、わたしたちどちらもが気に入るようなことよ」

するとエイミーはちょっと考えてから、

「パパにやってもらうことかな」

と言いました。

エイミーはパパに手伝ってと頼み、パパは喜んでしてくれました。わたしだったら、彼に頼もうとは思ってもみなかったでしょう。エイミーが自分で服を着たいのだと思っていたからです。

この場合は、エイミーが案を出し、それが母親にも納得できるものでした。いつもこのようにうまくいくとは限らないでしょう。もし子どもが、あなたが受け入れられないような提案をしてきたら、どうしてだめなのかを説明し、子どものアイデアに近いもので、あなたができることを提案します。あなたに新しいアイデアを取り入れる気持ちがあるなら、これはいい方法です。ただ、あなたが何をしたいか決まっているなら、あなたの提案を先に試してください。

子どもと一緒に問題を解決する

子どもがアイデアを考え出したり、検討したりするのに慣れてきたら、いろいろなアイデアを出し、そこからひとつ選ぶということができるようになります。これは、第2章で述べた問題解決のプロセスと似ています。違うのはどうやって始めるかという点です。進め方を簡単に言うと、①いったん立ち止まり、②問題をはっきりさせ、③アイデアを出し、④検討し、⑤計画を練る、です。これを次のようにまとめてみました。

立ち止まる　子どもと言い争いになったら、そこで止まります。気持ちを落ち着け、次にどうするかを決めます。さもないと、すぐに収拾がつかないような段階になってしまいます。

問題や感情をはっきりさせる　あなたがしたいことを言います。そのとき、特定の解決法ではなく、あなたが何をしたいかを示します（ヒント　「わたしが」から始まる文章を使う。「いつも」とか「絶対だめ」という言葉は避ける）。

アイデアを出す　アイデアをすべて書き出します。まだ検討はしないでください。たくさんアイデアがあればあるほど、あなたにも子どもにも合うものを見つけられるでしょう。少なくとも、子どもの年齢よりひとつ多い数のアイデアを出しましょう。たとえば、4歳の子なら5つのアイデアを出します。

アイデアを検討する　アイデアを一つひとつ読み上げ、どう感じるかをそれぞれ言います。どちらかが気に入ったアイデアには印をつけ、気に入らないものにはバツをつけます。

計画を練る　よいアイデアであっても、しっかりと計画を練らないと、失敗することがよくあります。だれが、その行動やお金や予定に責任をもつのかを考えます。うまくいかなくなったら、あなたはどうするのかを決めておきます。

《ケリー（4歳）の場合》

立ち止まる　ケリー、「だめ！」って言ったでしょう。今あなたと遊べないのよ。赤ちゃんにおっぱいをあげてるんだから。

おっと、気持ちを落ち着けなくちゃ。3回、深呼吸しましょう。

問題や感情をはっきりさせる　ケリー、わたしはイライラしてるの。だって、ゆっくり赤ちゃんにおっぱいをやりたいからよ。あなたは怒ってるし、やきもちをやいてるのね。赤ちゃんがわたしを独り占めしているから。それじゃ、あなたにとっても楽しくて、わたしもイライラしないこと、何かないかしら？

アイデアを出す

ケリー：赤ちゃんを置いといて、わたしと遊んで。

母　：あなたが遊ぶのを見てることはできるわ。そうでなければ、おっぱいが終わるまでテレビを観ててもいいわよ。

ケリー：おっぱいをやりながら、本を読めるでしょう。

母　：おっぱいが終わったら、あなたと遊べるわ。

アイデアを検討する　一つひとつアイデアを読み上げ、話し合います。ケリーは、わたしとすぐに一緒に何かできるようなアイデアがいいし、わたしはおっぱいをあげ続けられるようなアイデアがいいのです。

うまいことに、わたしがおっぱいをあげながら、ケリーに本を読むということで、2人とも同意しました。

わたしたちの計画　ケリーは本を探しに行き、その本をわたしが読みます。赤ちゃんがげっぷをしたりする必要があったら、わたしが赤ちゃんの世話をする間、ケリーは待ちます。

この場合は、お母さんにもケリーにもうまくいきました。２人とも受け入れられる単純な解決法があったからです。２人に合うようなアイデアがなかったら、もう一度一つひとつのアイデアを見直し、いやだと言った人に、どう変えればいいか聞きます。こうしたやり方をするのは、双方が受け入れられるものを探すためです。子どもも親もこれでいいと認めると、問題を解決するのがずっと楽になります。

子どもが大きくなるにつれ、問題を解決する難しさを教えることもできます。こうしたスキルを、よい行動を増やすためのスキルに加えて使えば、問題を避けるのに役立つでしょう。次に、よくない行動を減らすための方法をみてみます。

練習5-1 手本を示す

手本を示すやり方は、ごく早い時期から始められます。これには、行動だけでなく、話し方やしぐさも入ります。子どもの行動を見て、次の3つの質問に答えてください。

1. 子どもが、あなたの、または家族の他の人のまねをしていることをいくつかあげてください。

2. あなたかあなたの連れ合いが、子どもにまねてほしいと思っている習慣、またはくせを2つあげてください。

3. あなたかあなたの連れ合いが、子どもにまねてほしくないと思っている習慣、またはくせを2つあげてください。

練習5-2 簡単な指示を使う

次にあげた状況を読み、子どもにスキルを教えるために、どのような指示を与え、しぐさをするか決めてください。

A．床に子どもと一緒に座り、ボールを持っている。子どもにボールの遊び方を教えたい。

あなたの指示

あなたのしぐさ

B．子どもにコートを着せようとしている。子どもは腕をまっすぐ下におろしたままか、またはもぞもぞ動かしている。

あなたの指示

あなたのしぐさ

C．1歳8カ月の子どもが、汚れた洗濯物を分けるのを手伝おうとしている。

あなたの指示

あなたのしぐさ

練習5-3 具体化する

あなたに小さい子どもがいて、その子が長ズボンを必死にはこうとしているが、うまくいかないという状況を思い浮かべてください。ズボンをはくという作業を、少なくとも6つのステップに分けてみてください。

1 ____________________

2 ____________________

3 ____________________

4 ____________________

5 ____________________

6 ____________________

練習5-4 学習に必要な概念

ズボンをはくのに必要なステップを見てください（練習5-3）。子どもがそうしたステップができるようになるために必要な概念、またはスキルを考えてください。

練習の答え

練習5-2

A．ボールを押す動作をしながら、「ボールを押してごらん」と言う。

B．子どもの腕を水平に上げながら、「こういうふうに立ってね」と言う。他の姿勢が必要になったら、同じような指示を与える。

C．「ソックスはここ、ズボンはここ」と言いながら、色物の洗濯物の山を指し、それから白い物の山を指す。

練習5-3

1．床にズボンを広げる
2．ズボンのウエストのところに座る
3．片足をズボンの口に入れる
4．ズボンを引っぱりあげ、足がすそから見えるようにする
5．もう1本の足で3と4をする
6．立ち上がって、ズボンの前の部分をウエストまで引っぱり上げる
7．後ろの部分を引っぱり上げる

練習5-4

1．後、前、上という概念を理解する
2．ズボンとからだの各部分を確認する
3．床にズボンを広げる動作ができる
4．手と足を物理的にコントロールする

第6章

★

今すぐ、子どもの
よくない行動を
減らしたい

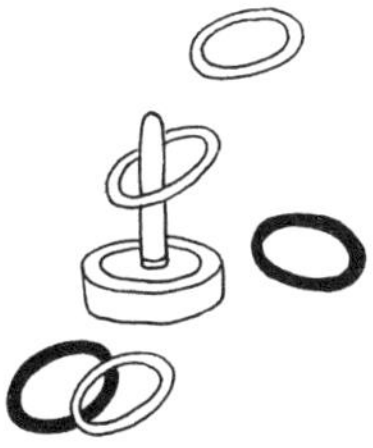

不思議に思うかもしれませんが、ふつうはよくない行動を減らすよりも、よい行動を増やすことのほうが、長い目で見れば効果的であり、容易です。

でも、親からすると、よくない行動を減らすために、今すぐ何か具体的なことをしたいと思うときもあるでしょう。そう思ったら、親は子どもがそうしたよくない行動をとる動機は何か、その代わりに子どもにどういう行動をしてほしいのかをはっきりさせるといいでしょう。

よくない行動を変えるためには、3つの方法があります。それを用いることにより、よい行動がだんだん増えていきます。それは次の3つです。

1 **無視する**
2 **置き換える**
3 **状況を変える**

この3つを取り上げてから、もっと深刻な行動に対処するための2つのテクニックを紹介します。

よくない行動を起こすわけ

ドレイカース氏は、よくない行動を子どもがとる理由を４つあげています。①注意を引きたい、②力をもちたい、③復讐したい、④自分の無気力さを見せたい、です。

よくない行動がどの理由で起こるかは、子どもが自分のことを、おそらく無意識のうちにどう見ているかにより決まります。親は子どもの心の中まで読むことはできませんから、子どもが自分をどうとらえているかを知るのは難しいと思うかもしれません。でも意外なことに、よくない行動の動機は、親がそうした行動にどう対応するかにより決まると、ドレイカース氏は言います。たとえ、同じ行動が異なる動機により起きていてもです。

注意を引く

よくない行動の最初の動機は、注意を引くためです。注目されているときだけ自分は意味のある存在だと子どもが思うとき、こういう行動に出ます。注意を引くための行動は、親にとってはやっかいです。子どもは怒られるとすぐやめますが、しばらくするとまた、同じ、または似たような行動をと

ることが多いでしょう。

たとえば、「ブラインドに触らないで」と言われたとします。もし親の注意を引きたいと思っているのなら、また何分かするとブラインドをいじるでしょう。親にとってイライラするような行動に注目すると、子どもはその行動をくり返すようになるでしょう。

注意を引くための行動にもっともうまく対応する方法は、よくない行動を無視することです（無視、189ページ）。そして、子どもとうまくいっているときに、子どもにもっと目を向けることです（注目の時間、119ページ）。

力をもつ

不適切な行動をとる2つ目の目的は、力が欲しいからです。子どもは、自分が物事の主導権を握っているとか、自分が「ボス」であるときにだけ、自分が意味のある存在だと感じ、力を欲しがります。子どもが主導権を握ろうとすると、親は怒りを感じ、それを認める（子どもが勝つ）か、子どもを服従させる（親が勝つ）かします。奇妙なことに、このどちらの場合も、力をもつことが重要だと思わせてしまうため、子どもはさらに力をもとうとします。

よい対応の仕方は、そのことから予期せぬことをすることにより「離れる」か、協力して一緒に問題を解決しようと、子どもを促すかです。

《ベスの場合》

ベス（2歳半）は昼寝をするのをいやがっています。お母さんは、自分のベッドで寝るか、お母さんの大きいベッドで寝るか、選んでいいと言います。ベスはどちらも拒否します。お母さんはベスを抱っこしてベッドに連れていったり、そのまま起こしておいたりする代わりに、「それでは、どこで寝たいの？」と聞きました。すると、ベスは「床の上。寝袋で」と答えました。お母さんはそれを認め、こうして双方が満足したのです。

復讐

子どもは、注意を引くことも力を得ることもうまくできないと、復讐に転じることがあります。復讐する子どもは、人を傷つけるときにのみ、自分が重要だと感じるのです。

復讐をしたがる子の親は、そうした行動に深く傷つきます。そして、自分がいかに傷ついているかを見せ、同じようなやり方で仕返しをします。それも子どもがした以上のきつさでです。こうなると、親子の関係そのものが悪くなります。

もっとも前向き対応の仕方は、傷ついたように見せるのをやめ、子どもとの信頼関係を築き直すための方法を考えることです。そして、子どもが愛されていると感じられるように努めることです。

無気力さを見せる

自分は無気力だという態度を示すのは、最終の段階です。それは、子どもがようやく到達した勝利感と見ることができます。無気力さを見せるのは、子どもがうまくできないと感じる分野だけの場合も、またいくつかの分野に及ぶ場合もあります。そうした子どもたちは、何かしなさいと言われると、疎外されていると感じ、何の指示もされないときだけ、自分が受け入れられていると感じるのです。こうした子どもの親は、絶望感にとらわれます。

もっともよく見られるのは、まったくあきらめてしまい、子どものことを情けなく思うという態度です。しかし、いちばんよい対応は、子どもを批判するのをいっさいやめ、何かよい行動をとったら、何であれほめることです。

前にも述べたように、好ましくない行動の動機は、その行動からだけではなかなか探れません。たとえば、他の子をぶつのは、注目してほしいから、または力が欲しいから、または復讐のためからかもしれません。もし注目してほしいためなら、ぶつことを無視するとうまくいくでしょう。しかし、力を欲しいためだったら、ぶつことでうまくいったと子どもが思うと、何度もぶつようになるかもしれません。

また、ドレイカース氏は、子どもは注目や力を求めることから、無気力さを見せることへと移行することもあると考えます。たとえば、甘やかされた子どもは、十分に注目を得られないと、自分はまったく無気力だという態度をとるかもしれません。

親のなかには、よくない行動の動機を考えに入れると、とてもうまくいくと言う人たちもいますし、そうでないと言う人もいます。いずれにしろ、その行動の動機を学ぶことで、親は貴重なものの見方を学ぶことができるでしょう。

この章ではこれから、親が、子どものとる受け入れがたい行動に対し、うまく対応できるようになる方法を示します。状況を変えるという方法では、問題行動を少なくするために物事を変えることに焦点をあてます。その他の方法は、よくない行動が起こったときに、親がどのような対応をすることができるかを示します。

➡練習6－1

お気に入りのもので、注意をそらす

子どもがまだ小さいうちなら、親の言うことをきくようにするのは簡単です。何か好ましくないことをしたら、注意をそらすか、またはルールを思い出させて、それに従うようにさせます。これをきちっと行えば、一度言うだけで言うことをきくような習慣を、子どもに身につけさせることができます。

注意をそらすには、単純なやり方と、間接的なやり方とがあります。

単純なそらし方

これには、子どもの考えていることに割りこみ、自分が向けたいほうに注意をふりむかせることが大切です。単純に気をそらすやり方を使うとすると、もしあなたの息子が泣いていたら、その子のお気に入りのおもちゃのトラックで気を引くことができます。自分の娘が、メアリーおばさんの食器棚のほうに歩いていったら、子ネコを指さして、その子の注意を引きつけることもできます。

注意をそらすやり方は、とてもいい方法ですが、子どもはすぐに大きくなって通用しなくなります。

ですから、使える間に使うことです。

ただし、子どもがビデオデッキに手を出そうとするたびに、お話をしてあげるといって気をそらすと、子どもは注目をあびるためにはビデオデッキを使えばいいと思うようになるかもしれません。

子どもが、気をそらさなければならないような行動をたびたびするなら、間接的な気のそらし方を使うことができます。

間接的なそらし方

これは単純な気のそらし方と似ています。ただし、子どもに直接話しかけるのではなく、子どもの気をあなたのほうに引きつけるようなことを何かして、その子の注意を間接的にそらすのです。そのときには、子どもの目を見ないようにします。子どもに背を向けたまま、子どものことは無視するのです。ここに2つの例があります。

《アナリーの場合》

アナリーもわたしも音楽が大好きです。アナリーが小さかったころ、癇癪《かんしゃく》を起こすと、わたしはそのことに注意を向けずに、ピアノに彼女の気を引きつけようとしました。癇癪が始まってしばらくしたところで、わたしは居間に行き、ピアノでマーチとか何か楽しい曲を弾きはじめます。すると、アナリーは、その曲が終わる前にもうわたしのそばに来ているのです。

《ロビーの場合》

ロビーは自分が欲しいものが手に入らないと、ふくれっ面をしたものです。ふつうはわたしもそれほど気にしないのですが、先週はとうとう頭にきてしまいました。もう耐えられないというところまできてしまい、怒りを爆発させないためには、何かする必要がありました。ロビーは車が好きなので、おもちゃの消防自動車と、そこにあった靴の箱を2箱使って、消防自動車が火事の現場に向かうような感じで、ウーウーと大きな声を出しました。そうするとすぐ、ロビーはそばにやってきて、遊んでもいいかと聞いてきました。

注意をそらすやり方は、あなたに多少時間の余裕があるときにはうまくいきます。しかし、こちらの言うことに従わせようとするなら、または子どもが、自分や他のだれかに、危険なことをしようとしているなら、実際に子どものところに行って、言うことをきかせる必要があるかもしれません。

言うことをきくように、手を貸す

子どもがあなたの言うことに従うように、手を貸します。これは効果的な限度を設けるための、3つの段階のひとつにあたります。この3段階とは、①はっきりした規則または命令、②選択、そして③実行です。このプロセスは、子どもの状況が危険かそうでないかによって、異なるやり方を使う必要があります。

危険な状況のとき

危険な状況のときは、きちっと命令を出し、身体的に介入します。そうして、次からもっとうまくいくように、選択させます。これは、次の例でわかると思います。

《アンジーの場合》

アンジーは危険な物を見つける才能をもっていました。たとえば、あるとき、わたしはリンゴを切っていて、床に落ちたリンゴを拾おうと、ほんの一瞬包丁を置きました。アンジーはあっという間にカウンターに乗り、包丁を取ろうとしました。

わたしは「だめよ」と言い、アンジーをつかまえました。それから下におろすと、かがんでこう言いました。

「包丁は危ないの。包丁で遊べないのよ。わたしが持っているのを見るのはいいわよ。もしくはプラスチックの包丁で遊ぶんだったらいいわ」


親は、危険な状況のときに、それをやめさせますが、子どもの好奇心を満足させることはなかなかしません。手のかからない子どもだったら、ふつうそれでも気にしません。でも、頑固な子どもの場合は、自分の好奇心を満足させるまで、またはエネルギーを使い切るまで何度でも同じことをくり返すでしょう。こういう子の場合は、もっと安全に好奇心を満足させる方法はないか探すほうが楽でしょう。「置き換え」（192ページ）は、可能な解決法を見つけるのに役立つでしょう。

安全な状況のとき

安全な状況なら、子どもにきまりを思い出させるか、こうしなさいと指示を出すかします。もし子どもがすぐに応えないようなら、選択肢を与えます（84ページ）。それから、必要なら手を貸して従わせます。

たとえば、あなたが「椅子は座るためにあるのよ」と言っているのに、子どもが椅子の上に立ったまま動かないとしたら、選択肢を与えます。

「座るか、さもなければ椅子からおりなさい」

それでも子どもが動かない場合は、子どもが従うように手を貸します。子どもを抱え、下におろせばいいのです。子どもはいやだと叫んだり、手をふりほどこうとするかもしれませんが、それはかまいません。子どもに痛い思いをさせたのではないのですから。あなたがきっぱりとした態度をとればとるほど、その先、何度もやめさせる必要はなくなるでしょう。

《モリーの場合》

モリーはジャンプするのが大好きです。小さいころからいつもそうでした。ベビーベッドの中でつかまり立ちをして、ピョンピョン跳びはねたものです。ソファーに上ることを覚えてからは、そこで跳びたがりました。それをさせないようにするのに、1週間ほどかかりました。

まず、モリーがソファーでジャンプすると、わたしは、

「ソファーは座るところよ。ソファーに座るか、さもなければ床におりて、跳びなさい」

と言いました。それでも跳び続けたので、わたしはモリーを抱えて床におろしました。そして、

「あなたは床で跳ぶことにしたのね」

とつけ加えました。

それでも何日かは、モリーはソファーで跳んでみました。そのたびに、わたしはやさしく、それで

もきっぱりした態度でモリーを床におろし、ソファーは座るところだということを思い出させました。1週間もしないうちに、そうする必要はなくなりました。モリーはもう何カ月も、ソファーの上では跳びはねていません。

何かルールを作ったり、指示を出したりするのであれば、それをちゃんとやりとおす覚悟が必要です。頑固な子どもであれば、何度も何度も、そのルールを試そうとするでしょう。でも、子どもが小さいときに、そのために時間をかければ、子どもが大きくなるにつれ、何倍もの時間を得することになります。

しかし、子どもによっては、注意を引くために、決められたルールを試してきます。もし子どもが親の意図を理解すれば、試そうとする頻度も度合いも減ってくるはずです。

もし、その頻度が増え続けているなら、子どもは注意を引くためにしているのかもしれません。その場合は、その行動を無視し（189ページ）、よい行動をほめるようにしましょう（133ページ）。

よくない行動は、知らんぷりする

ほとんどの子どもは、親をイライラさせるような、なんらかのくせをもっています。深刻なものではなくてもです。無視するのが、こうした行動に対処するうまい方法です。「子どものよいところを増やす」という章（第4章）を思い出していただけばわかるように、ある行動を時どきほめてあげないと、その行動は減っていきます。ですから、ある行動を減らしたいとか、頻度を少なくしたいと思ったら、無視してください。ただし、ほんとうにその行動をなくしたいのであれば、子どもがそれをするたびに、必ず無視しなければなりません。

たとえば、あなたが自分の子どもに使ってほしくないような「悪い」言葉を、子どもが口に出したら、無視します。それに反応しないようにするのです。そのうちに、子どもはその言葉を自然に使わなくなります。

行動によっては、無視しようと思っても、なかなか難しいことがあります。そういうときは、子どもの姿が目につかないところへ行く必要があるかもしれません。ただ、できるだけ何気なくふるまい、子どもがそういう行動をとったからだと、思わせないようにしてください。

前からある問題に対し、親が今までとは違う反応の仕方、たとえば無視することを始めると、よくない行動が減るだろうという期待に反して、かえって増えることに気づくでしょう。このように、好ましくない行動が増えるのは、故障した自動販売機に対する反応と似ていると考えられています。次の例はそれを示しています。

《ボニーの場合》

ボニーは自動販売機にお金を入れ、取っ手を回しますが、何も出てきません。ボニーは取っ手を何回も回してから、お金の返却ボタンを押します。ところがお金はもどってきません。そこで、取っ手をさらに強く何度も引っ張ってみます。さらに、販売機を叩いてみますが、それでも何も出てきません。最後にもう一度だけ取っ手を引っ張り、ボニーはようやくあきらめます。

もし機械が品物を出さずお金も返さなければ、人は結局はあきらめます。もし叩いたりひっぱったりするうちに、機械が食べ物かお金を出すといった思いがけない反応をしたら、ボニーは自分がそうしたために、それが起きたのだと思うでしょう。子どもも、親に反応してもらおうとして、行動をエスカレートさせるかもしれません。たとえば、子どもがぐずぐず言うとき、自分が予想するような反応を得るために、その子はよけい大きな声で、またはしつこくぐずるかもしれません。親が反応を示さずにいれば、よくない行動は自然になくなるでしょう。

無視するのが難しいとき

子どもがぐずぐず言ったり、泣いたりするのを無視するのが難しければ、何か他のことに、間接的なやり方で興味をもたせることもできます。子どもが好きな活動を選び、それでまず親が遊びはじめます。それに夢中になり面白がることで、子どもを引きつけるのです。子どものほうを見たり、直接引きこんだりしてはいけません。子どものほうを見ると、子どものよくない行動に注目することで、それを認めてしまうことになるからです。

無視することは、よくない行動が、だれにもまたは何によっても受け入れてもらえない限りは、うまくいきます。しかし、親にとってあまりにも腹立たしい行動の場合は、それが長く続くと、親のほうも降参してしまうでしょう。もし自分が結局は譲歩してしまうのがわかっているなら、子どもの行動を無視しようとはしないでください。時折認めてしまうと、あなたがやめさせようとしている行動をさらに根づかせてしまいます。

場合によっては、その行動が親など外から認められなくても、子ども自身が認めていることがあります。指しゃぶりや、おもちゃを叩いて大きな音を出すのがそうです。子どもがその感じや音を気に入っていて、自分のためにその行動を続けるのです。

子どもがある行動を自分で認めている場合は、無視するだけではそれを減らすことはできません。しかし、よくない行動をよいものにするために、よい行動をほめたり教えたりしながら、同時によくない行動を無視することを効果的に使うのは可能です。

道具や場所を別のものに置き換えて、よくない行動を受け入れられるものにする

置き換えというのは、ある行動の不適切な表現を、同じ行動でも適切な表現の仕方に変えることができることです。置き換えは、どこでどのようにすれば、同じ行動でも受け入れられるのかを子どもに教えます。

たとえば、木のハンマーで壁を打つのはいけませんが、同じ木のハンマーで作業台を叩くならかまわないのです。または、三輪車を物のいっぱいある部屋で乗るのはだめでも、地下の部屋ならいいという具合にです。どちらの場合も、行動そのものは許されているのですが、受け入れられるようなものに、変えていかなければなりませんでした。

道具か場所を変えてみる

置き換えをするときには、使われる「道具」を変えるか、行動の「場所」を変えるかします。

リッキーが木のハンマーで壁を叩いたとき、お母さんは道具を変えるのではなく、場所を変えることを選び、作業台のところに連れていきました。でも道具を置き換えて、たとえばぬいぐるみを渡し

て壁を叩かせることもできたのです。

想像力を働かせると、同じ状況でもいろいろな置き換えが可能になります。置き換えるものによっては、ある人には受け入れられても、別の人には受け入れられないものもあるでしょう。自分が受け入れられるものが見つかるまで、よく探してください。

子どもの行動を別の方向に向けたら、その適切な行動を何度もほめて（133ページ）、子どもがなぜほめられたのか理解できるようにするといいでしょう。

➡練習6—2

最初の試みであきらめない

幼児に置き換えを使うときは、いちばん最初の試みは、ほとんどの場合、解決にはなりません。

頭のいい子どもなら、朝、お母さんがいるときにハンマーで壁を叩いてはいけないとわかっても、お父さんがいるときならいいのか、お母さんとでも夕方ならいいのか、または、ハンマーでドアやランプなら叩いてもいいのか、試してくるかもしれません。親が落ち着いて、きっぱりと、しかも一貫した態度をとれば、置き換えはまもなく受け入れられるでしょう。

置き換えをするとしばらくは、子どもがそれを試す期間があると思います。それをわざと反抗しようとしているととらず、好奇心や考える能力の表れと見なせば、親としても受け入れやすいでしょう。

子どもの興味を満足させる

置き換えは気をそらすのとは違います。

気をそらすときは、よくない行動をやめさせようとしますが、その行動をどう変えたらうまくいくかを教えたり、子どもの興味を満足させたりはしません。気をそらすことは、子どもが小さくて、何にでも見境なく興味をもっているときには、最適かもしれませんが、子どもが自分で望んである行動をしはじめるようになると、あまり効果がないでしょう。

置き換えは問題解決の第一歩

置き換えは、問題解決の第一歩としてとらえることができます。

ただ、置き換えの場合、必要性を認め、可能な解決方法を提示し、解決法を選び、実施することのすべてが、親の仕事になります。

置き換えは、子どもの探求心と独立心の必要性を認め、また親の望む安全と秩序の必要性をも認めるものです。置き換えが上手に行われると、親も子も満足することができます。子どもが話せるようになるにつれ、問題解決に子どもが果たす役割が大きくなります。問題解決のプロセスは第5章に示してあります。

子どもも親も楽になるように、家の中を整える

子どもの行動を、よい方向に変えてやることができない場合もあります。こういうときは、状況を変えることにより、問題を解決することができます。

たとえば、あなたの娘が鉢植えの植物の葉っぱをちぎっていたら、代わりの植物で置き換えることもできないし、別の部屋で同じ鉢植えの植物の葉をむしらせるわけにもいきません。しかし、植物を吊したり、手の届かないところに置いたりして、状況を変えることができます。

状況を変えるには、3つの基本的な方法があります。①状況に何かを加えること、②状況を制限すること、③状況を変えること、です。

遊び道具や遊び場所を今より広げる

状況に何かを加えることは、子どもが興味をもつような物や遊びを導入したり、子どもが遊ぶ空間を広げることによりできます。

わたしがだれかに電話をかけるときはよく、子どもがしばらく遊んでいなかったおもちゃや遊びを取り出してやります。電話や雨の日用のおもちゃを入れた特別の箱を用意してもいいでしょう。わざわざお金をかける必要はありません。子どもが今飽きてしまっている、または興味をもっていないおもちゃを選び、何週間かしまっておけばいいのです。しばらくして、子どもの気を何かに向けたいときに、しまっておいたおもちゃをいくつか取り出してきます。

子どもかまたは親がイライラしてきたら、状況を広げることでうまくいく場合があります。公園やペット売場、博物館に行ったり、家の近くをぐるっと歩いてみたりするのもいいでしょう。状況を広げるのは、子どもの遊ぶ範囲を広げることになります。

子どもを刺激するものを取りのぞく

状況を制限することは、選択範囲を減らしたりスペースを限定することによりできます。

選択範囲を減らすというのは、行動を停止したり刺激する要素を取りのぞいたりすることです。寝る前や、子どもが何かに集中できないときには、選択範囲を減らしてみましょう。

たとえば、アンディーのお父さんは、パジャマを着せてから寝るまで、とっくみ合いの遊びをしていました。ところが、とっくみ合いをした後は、すっかり興奮してしまっていて、すぐに寝つかせることなどとてもできません。とっくみ合いを本を読むことに置き換えて、状況を制限してからは、ずっとスムーズに寝るようになりました。

状況を制限するのは、活動の場所を制限することによっても可能です。大声を出したり暴れたりするのは地下の部屋だけ、粘土は机の上、食べるのはテーブルでと限定することができます。

子どもが行動しやすいように家の中を整える

ある活動を促す、またはやめさせるために、状況を整え直すこともできます。同じ状況のなかでも、子どもにふさわしい設備を整えるなどなるべくわかりやすくするか、物を配置し直すことで、状況を変えることができます。

洗面所に踏み台を置いたり、低い位置にタオル掛けをつけたり、子ども用の椅子を用意したりすると、幼児でも自分でできることが増えるでしょう。

幼児にも親にも生活が楽になるように、スペースを整え直すことができます。

おもちゃはおもちゃ箱に入っているより、おもちゃ用の棚の上に置いてあるほうが取り出しやすいものです。子ども部屋や子どもが着替える場所に洗濯物入れのカゴを置くだけでなく、他の場所にもいくつか置いてもいいでしょう。テレビやステレオ、その他の機器は、小さい子が触りたいという誘惑にかられないよう、高い所に置いたほうがいいのです。

安全のための装具、たとえばコンセントにつけるキャップや引き出しの止め具などをつけて、空間をより安全にすることもできます。

こうした方法などを使って、あなたの住まいを配置し直して、子どもとのトラブルを減らすことができるのです。

➡練習6−3

無視することや、置き換え、状況を変えるといったことはすべて、よくない行動を減らすのに有効です。しかし、もっとも効果をあげるためには、子どもがよい行動をとったときにほめることも、同時にしなければなりません。

時には、子どもの行動があまりにも破壊的だったり、危険だったりするため、すぐに止めなければならないこともあります。そのような状況で使うことのできる2つのテクニックは、「結果を引き受ける」と「タイム・アウト」です。

子どもがとった行動の結果を、子ども自身に引き受けさせる

ドレイカース氏は、よくない行動を減らすための2つの方法を提示し、それらを「自然のなりゆき」と「論理的な結末」と呼んでいます。どちらの方法も、子どもが行動を起こす前に、それがどういう結果になるかを、子どもにはっきり説明することが必要です。

子どもの行為によって自然に行きつく結末——自然のなりゆき

自然のなりゆきは、子ども自身の行動により自然に行きつく結果のことです。

たとえば、子どもが夕食のときにすぐ来なければ、ごはんは冷めてしまいます。ドレイカース氏はこれを「自然のなりゆき」と呼びます。もうひとつ例をあげるとしたら、子どもが、危ないと言われたのに熱いストーブに触ったら、その結果は子どもがやけどをすることになります。

自然のなりゆきを使うことには、2つの利点があります。ひとつは、子ども自身に自分の行動の責任をとらせることです。2つ目は、自然のなりゆきは、親が引き起こすことではないという点です。

子どもの行為の結末を親が用意する――論理的な結末

場合によっては、自然のなりゆきにまかせられないほど危険なこともあります。たとえば、コンセントの差し込み口で遊ぶような場合です。こういう場合、ドレイカース氏は「論理的な結末」を提示します。

論理的な結末も、子どもの行動にともなって起こりますが、親が割って入る必要があります。たとえば、通りに飛び出すことの「自然のなりゆき」は、何も起こらないか車にはねられるかです。何も起こらなくても、子どもはそれで通りに飛び出さないようになるわけではありませんし、車にはねられることはもちろん受け入れられません。通りに飛び出すという子どもの行為に対して、親がとれるひとつの「論理的な結末」は、子どもを庭から家の中へ連れていくことです。➡練習6－4

これを効果的に使うためには、ある行動が起こるたびに行い、その行動にはっきりとした関係がなければならず、そして、親が心から受け入れられるものでなければなりません。

そのたびにきちんと責任をとらせる

ある行動の責任は、その行動が起こるたびにとることを教えなければなりません。さもなければ、責任をとらなくてもよい理由を説明しなければなりません。

たとえば、子どもが「犬と遊ぶときはやさしくしなさい。さもなければ、犬とは遊べませんよ」と注意されているとしたら、その子が犬に乱暴したときはいつでも、犬を地下室へ連れていくか外に出すかしなければいけません。もし子どもが犬と乱暴に遊んでも時どきは許されると、こうしたやり方の効果はずっと少なくなります。

親の介入が必要なときは、きっぱりとした態度で、落ち着いて、しかもごく当たり前のことをしているというふうに進めると、もっとも効果的です。親は子どもに、

「あなたがそういう行動をとるのは、そのあと何をするつもりなのか、わたしに教えているということね」

と言ってもいいでしょう。

たとえば、通りに飛び出したら家の中に連れていかれると決まっていたら、親は子どもが通りに飛び出したら、こう言うことができます。

「あなたがこういうことをするのは、自分で家の中に入ることにしたからなのね」

これからはちゃんとするから、といったお願いや約束は無視しなければいけません。もし子どもが泣きわめいても、無視してそのまま続けてください。

論理的な結末と行動を結びつける

論理的な結末は、よくない行動またはよい行動に、わかりやすく結びつける必要があります。たとえば、お父さんが娘に、子ども用の椅子の上では立ってほしくないとします。お父さんは子どもに、

「椅子は座るためのものだよ。椅子に座るか、そうでなければ下におりて、立つかどっちかだよ」

と言いました。もし、

「夕ごはんだから、椅子に座りなさい。もし立ったら、食事のあとの本はなしだよ」

と言ったら、それは椅子に立つという行動とは、はっきりした関係性がありません。

その行動と提示した結末との関係がはっきりわからないと、それは子どもの責任を示すというより、罰のように聞こえます。子どもに論理的な結末を示す場合、それが親にとっても受け入れられるものでなければなりません。

たとえば、お母さんと子どもが散歩に出かけようとしたところ、コート掛けが椅子でふさがれていました。

お母さんがべつに出かけなくてもいいなら、

「コートが取れるように、椅子を片づけてちょうだい。そうでなければ、このまま家にいなくてはならないわ」

と言うことができるでしょう。

しかし、医者に行くことになっていたり、散歩に行かないと怒りの感情が爆発しそうだったりしたら、その対応はうまくいきません。それは、結果を受け入れさせるのではなく、意味のない脅しになります。親がその結果を喜んで受け入れようとしていない、または受け入れられないからです。子どもは往々にして、親の嘘を見抜くものです。

もうひとつの例をあげましょう。

お母さんが床に散らばっている積み木を拾うのに、うんざりしているとします。彼女は子どもに、

「積み木を拾いなさい。そのままにしておくなら、捨てますよ」

と言うかもしれません。

もしほんとうに捨てる気があるなら、こう言うのもいいでしょうが、ほとんどの親はそうはしません。もっと効果のある言い方は、

「積み木を拾いなさい。さもなければ、わたしが拾って、どこかでお休みさせてあげましょう」（休ませるというのは、しばらくの間、どこかにしまうこと）

親が落ち着いて、一貫して示すことのできる価値観を選べば、時とともに効果が表れるでしょう。結果を引き受けるという方法を使うときの、もっとも一般的な間違いは次の3つです。

1　「問題」と論理的に関係のない結果を選ぶ

2　親にとって受け入れがたい結果を選ぶ

3　癇癪《かんしゃく》やこれからはよくするという約束に負けて、結果を変えてしまう

練習6－5では、提案した結末のどこに間違いがあるかを見つけ、より効果的なものを作り出しましょう。その後で、「タイム・アウト」の使い方をみてみます。

⬇練習6－5

タイム・アウトで、子どもの気持ちを落ち着かせる

「タイム・アウト」は、よくない行動を止めるために使われる方法で、よくない行動を促したり、エスカレートさせたりするようなことから、子どもをいったん遠ざけることです。

タイム・アウトには複雑な要素があるため、幼児よりも就学前の子ども（3～5歳）に適しています。幼児にふさわしい、短時間のタイム・アウトは、後のほうで述べてあります。

タイム・アウトは、罰としてではなく、子どもの気持ちを静めるためのものです。時間はなるべく短く、子どもがふつうの状態にもどり、適切な行動を行うようになるまでの時間でいいのです。

1回の長いタイム・アウトよりも、短いのを何回かするほうがよいでしょう。子どもに学ぶ機会を何度も与えることになるからです。子どもがもどってきたら、何が適切な行動であるかを教え、子どもがそれを始めたらすぐにほめます。子どもがそのまま続ければ、あとでもう一度ほめるのを忘れないでください。

タイム・アウトを使うときの一般的なやり方は、次の5段階にまとめられます。

1　タイム・アウトとは何であるか、いつ使うかを子どもに説明しましょう

2 タイム・アウトを始めるときは、その場所まで子どもを連れていきます
3 静かにしている時間を計ります
4 終わったら、子どもに知らせます
5 子どもがもとの場所へもどったら、適切な行動をもう一度確認させます

タイム・アウトを使うコツ

タイム・アウトを正しく使うためには、あなたの子どもが、静かに待つということを理解する必要があります。一般的に、こうしたことを理解する力が備わるのは、2歳半から3歳半くらいの間です。子どもがこの概念を理解できるようになったと思ったら、タイム・アウトのための場所を選ぶ必要があります。

タイム・アウトの場所は、ふだん遊んだりする場所からは十分に離れていて、子どもがだれかに話しかけたり、だれかの注意を引いたりすることができないところにします。ただし、自分がいかに損をしているかわかるぐらいの近さであるべきです。また、何にもすることのない、つまらない場所でなければなりません。廊下でもいいでしょうし、居間ならソファーの後ろなど、だれの姿も目に入らないような場所に椅子を置いて、座らせるのもいいでしょう。

次に、タイム・アウトの方法をよく子どもに説明します。子どもがきまりをくり返し破る前に説明しておきましょう。あるルールを破るか、またはあることをやめようとしないと、そのたびにタイム・アウトをとるように言われることになるのだと、子どもに言ってください。そして、静かなところへ行って、もどっていいと言われるまで、何もせずにおとなしくしていなくてはならないと説明します。

子どもがタイム・アウトとは何かをしっかり理解するまで、あなたは子どもにつき合わなくてはなりません。そのためには、子どもの手を握り、もどって来ていいと言われるまで、この椅子に座っていなくてはいけないと、さらっとした口調で言います。ふつう一度か二度教えるだけで、それ以上は説明しなくてもタイム・アウトを使うことができるでしょう。

子どもは一定の時間（小さい子の場合は、1分以内）、静かにその場所にいなければなりません。決められた時間が過ぎたら、子どもにもどって来てもいいと言いましょう。子どもがおとなしくなってからはじめて、時間を計りはじめます。子どもが最初の2分間、泣いたりぐずぐず言っていたりしたら、全体の時間は2分半になるかもしれません。

タイム・アウトの時間が終わったら、子どもにもといた場所にもどって来ていいと言い、どのような行動が適切かを説明します。子どもがうまく遊びはじめたら、すぐにほめてやります。そのままうまく遊びつづけられたら、もう一度ほめることを忘れないでください。長いタイム・アウトを1回するよりも、短いのを何回かするほうがいいのです。子どもが毎回もとの場所にもどり、適切な行動とは何かを学ぶことができるからです。

何回かタイム・アウトを使った後は、子どもにタイム・アウトをとるようにと、さらっと言うことができるようになるでしょう。子どもと言い争ったり、話し合ったりしないでください。もし子どもがぐずぐず言ったり、泣いたりしたら、静かになってから時間を計りはじめることを忘れないでください。

この方法を使うときには、親はきっぱりとした態度でしなければなりません。そうしないと、子どもは今度だけは見逃してもらえると思って、よくない行動をとり続けるかもしれないからです。ある特定のよくない行動が何度もくり返される場合は、そうした行動が起こる原因となった状況に目を向けるほうが、その行動をタイム・アウトやその他の方法でやめさせるよりも簡単です。

➡練習6−6

小さな子には、短いタイム・アウト

短いタイム・アウトは、幼児や繊細な子どもにはうまくいきます。タイム・アウトと同じ働きをしますが、長い時間、子どもをひとりにはしないのです。

受け入れがたい行動を止めるために、子どもをその状況から、少し離れたところにただ移すだけです。子どもを移動させるときに、「人をぶたないのよ」といった短い説明をすると、よけいいいでしょう。子どもを移動させてから、もとのところへもどり、他の子どもを慰めたり、ごちゃごちゃになった遊び場を調べたりします。

その場がおさまったら最初の子のところへもどり、その子が怒っているようなら、能動的に話を聴きます（88ページ）。そして、そうした行動をする代わりにどんな方法があったかを説明し、同じ行動をまたしたらどのような結果になるかを教えます（論理的な結末、200ページ）。簡単に説明したら、もとの場所にもどるように言い、適切な行動をもう一度教えます。これがどんなふうになるか、次の例をみてみましょう。

《マットの場合》

マット（2歳半）が妹（6カ月）の頭を木のハンマーでぶち、さらにもう一度ぶとうとしていました。そこでお母さんが中に入り、マットを別のところへ連れていき、

「メアリーをぶってはいけないのよ」

と言いました。

次にメアリーのほうにもどり、おもちゃを渡します。それからマットのところに行って、

「メアリーをぶってはいけないのよ。イライラするなら、ソファーをぶってもいいし、そうでなければわたしのところに来て、どうして腹が立つのか話してちょうだい」

と言いました。

マットがもとの場所にもどったので、どうするか見ていると、本を見はじめたので、

「しばらく本を読みたいのね。それでもいいわよ」
と言い、自分がしていたことにもどりました。

子ども部屋をタイム・アウトに

子どもが言うことをきかなくなったときに、タイム・アウトの場所を特別に設けるよりも、その子の部屋に行かせるほうがいいと言う親もいるでしょう。この場合は、タイム・アウトというよりは、「自分の行動の結果を引き受ける」という意味になるでしょう。というのは、自分の部屋には遊べるおもちゃがあるからです。子どもは落ち着いたら、そこから出てきていいと言われます。これはほとんどの場合、よくない行動を止めるのにも、子どもを落ち着かせるのにもうまくいきます。

ただし、親が気をつけなければならない点が2つあります。ひとつは、子どもが自分の部屋を怖がるか、いやなところだという印象をもってしまうかもしれないこと。もうひとつは、子どもが自分の部屋でひとりで遊ぶのを好み、ひとりになるためにわざといたずらをするかもしれないことです。

タイム・アウトでしやすい間違い

タイム・アウトを何にでも使う　タイム・アウトは、いくつか特別な状況のときだけに使うほうが、より効果的です。

自分が腹を立ててから使う　親がイライラするからタイム・アウトを使うのではなく、子どもが好ましくない行動をしたときに、すぐ使わなければなりません。

タイム・アウトの最中に子どもと話す　子どものことを無視してください。

タイム・アウトを教えの手段として利用しない　タイム・アウトが終わったら子どもをもとの場所にもどし、どういう行動ならいいかを教えます。

タイム・アウトのあと何もなければ子どもをほめない　子どもがもどってから、ほめてあげられるようなよい行動を見つけます。

タイム・アウトの目的は教えることであって、罰することではないことを忘れないでください。

これまでのところ、よくない行動を減らすための方法について考えてきました。子どもに行動の選択肢を与えるか、親と子、両方の要求を満足させるかという方法です。

親によっては、もっと強制的な方法を使わないと、自分の力を放棄しているようだと感じるようです。ですがそれは正しくありません。確かに親はどんな状況でも力を使うことはできます。しかし、子どもとの争いを解決するために、たびたび力でコントロールしようとする親は、子どもが大きくなるにつれ、同じ結果を得るために、より強い力を使わなければならないことに気づくでしょう。

これまで示してきた方法はふつう、時が経つにつれ、またいつも使うことにより、効果がなくなるどころか、むしろますます効果がでてきます。権威でコントロールすることにより起こるいくつかの問題点は、次に取り上げてあります。

力で押さえつける方法を使う前に

警告　子どもを力で押さえつけると、子どもから反撃を受けるか、または子どもとの関係が悪くなるかもしれません。

力で押さえつける方法は、その直前に起きた行動をやめさせます。そのために使われる手段は、気分のよくないもの、または子どもが望まないようなものです。

伝統的に嫌われてきた、おしりを叩くとかどなるということです。

不思議に思うかもしれませんが、子どもを叩くと、子どものよくない行動を実際には増やしてしまうかもしれないのです。子どもにとって、その行動で親の注意をもっとも効果的に引きつけられると思うときがそうです。

力で押さえつける方法の危険性

力で押さえつける方法は、気持ちよく認めることといくつか根本的な違いがあります。

●力で押さえつける方法は、子どもにどうしたらいいかを教えません。

たとえば、妹をぶった子どもをどなったとしたら、その子はぶってはいけないということはわかっても、妹に対しすごく腹が立ったときに、どうしたらいいかは学びません。今度、その子が妹に腹を立てたとき、ぶつ代わりに、押し倒すかもしれません。そのとき、またどなられるかもしれませんが、相変わらずその子は、腹を立てたときにどうすればいいかを知らないままです。

もし親がどうしても子どもに対し、力で押さえつける方法を使うなら、ほんとうはどういう行動をとるべきかを、子どもに教えることが必要です（第4章「子どものよいところを増やす」、第5章「子どもに新しいことを教える」を参照）。

●力で押さえつける方法は、それに続くよくない行動を認めてしまいます。

これは次のような例でわかると思います。

《ダンの場合》

ダンが妹をからかうと、お父さんはどなります。どなることにより、からかうのを力で押さえつけるので、ダンは妹をからかうのをやめますが、ダンは泣きはじめます。すると、お父さんは、ダンが妹をからかわなくなったので、どなるのをやめます。

泣くことは、認められました。なぜなら、ダンが泣きはじめるとすぐ、お父さんはどなるのをやめ

たからです。こうしたことがくり返されると、ダンは泣けばお父さんがどなるのをやめると思うかもしれません。

この例では、ある受け入れがたい行動（からかうこと）に対し、力で押さえつけること（どなること）により、もうひとつの受け入れがたい行動（泣くこと）を認める結果になりました。

ダンは2つのことを学んだのです。

◎からかうことで、どなられる

◎泣くことで、おとうさんがどなるのをやめる

●力で押さえつける方法は親子の関係を損なうことが多いのです。

子どもは自分を罰する人を怖がるか、反抗するか、避けるかするでしょう。もしその罰し方が厳しいものであれば、または子どもにとって厳しく思えるものであれば、よけいそうなります。

親と子の関係がある部分でうまくいかないと、他の部分でもうまくやっていくのが難しくなるでしょう。ということは、子どもに方向性を与えるようなもの、手本を示すこと、置き換え、おばあちゃんのルールなどが、あまり効果をもたなくなります。

●力で押さえつける方法は、非常に厳しくするか、いつも必ず行うかしなければ、子どもの行動を

変えることにはなりません。

つまり、子どもはあなたがいるときには従うでしょうが、いないときには自分の思うとおりにするかもしれません。また、受け入れがたい行動に代わるような新しい行動を教えられなければ、子どもはおそらくその行動をまたするようになるでしょう。

どのような状況であれ、親は問題が起こったときに、力を使って対応するかどうかの選択権をもっています。賢い親なら、力を使う前にその利点と危険性をはかりにかけたほうがいいでしょう。

次の章では、実際の問題を解決するために、これまでに紹介したスキルや方法を、どのように組み合わせて使ったらいいかをみてみましょう。

練習6-1 よくない行動の動機を探す

次の1～4の状況を読み、親がその場でどう感じたか、子どもがそういうことをした動機は何だったかを、探しましょう。

1．ダニーは自分で何でもやりたがるタイプの男の子です。それが、最近さらに進んできています。ここ何日か、友だちのジョーイのところへ、ひとりで三輪車で行きたいと言ってききません。ジョーイは通りの向こう側に住んでいるので、車の行き来は少ないとはいえ、ひとりで行かせるにはまだ心配なのです。
ダニーはひとりでは行かないと約束していたのに、昨日とうとうジョーイのところまで行ってしまいました。わたしは怒って、すぐに連れもどし、もう二度と乗れないように、三輪車をガレージの屋根裏部屋に入れてしまいました。わたしがそうしている間に、ダニーは庭に出て、手の届くところの花をみんなちぎってしまいました。どんなに腹が立ったことか！　来週、ガーデンクラブの集まりに、その花を飾ろうと思っていて、ダニーもそれを知っていたのに。なぜそんなひどいことをしたんでしょう？
子どもの行動の動機
親の感情

2．ラリに何が起こったのかわからないわ。ほんとにやっかいな子になってしまって。昨日も、わたしの友だちが来てたのに、本を読んでとねだるんです。いつもは本を読んでやるんですけど、昨日は友だちと話がしたかったんです。それで、友だちが帰ったら読むから、とやさしく言いました。すると、ラリは服を脱いで、裸になり、外に出ていこうとします。家の中でラリが裸でいるぶんには、わたしもかまわないんですが、外に出るのは困ります。それで、わたしは友だちと話すのをやめて、ラリを連れもどし、外に行けるように、服を着るのを手伝ってやりました。
子どもの行動の動機
親の感情

3．ザックはそれは頑固で、どうしていいかわからないときがあります。たとえば、昨日のことです。外でずっと遊んでいたので、おなかがすいていたはずです。それなのに、食べるかっていうと、ちっとも食べません。あなたの筋肉や骨がじょうぶに育つためには、食べ物が必要なのよと言いきかせました。でも、食べようとしません。それで、やり方を変えて、もし食べなければ、デザートはなしよと言いました。すると「だからなんなの？　デザートなんかいらないよ。こんなまずいミートローフなんて、食べない」と言うんです。それでわたしはますます怒って、「お皿にのってるものを全部食べるまで、ここから動いてはいけません、いいわね！」と言いわたしました。ザックはようやく食べはじめましたが、すごくゆっくりとです。他のみんなが食べ終わってから、ゆうに30分は、ザックを見張っていなければなりませんでした。

子どもの行動の動機

親の感情

4．アネットは以前はよくお手伝いをしてくれました。完璧ではないにしろ、自分でやろうとしていました。自分で服を着替えましたし、わたしに物を取ってくれたりもしました。何が起こったのかわからないのですが、アネットはもう何もしなくなってしまったのです。わたしが着替えさせてやらなければならないし、トイレにちゃんと行けたとしても、拭いてあげないといけないし、おもらしをしたら、パンツを取り替えてやらなければなりません。どうやるか、何も覚えていないようなんです。また赤ちゃんになってしまったみたいです。年齢相応のことをするように、わたしができる限りのことはしましたが、どうにもなりません。何もきかないのです。はやく、こんな状態から抜け出してほしいのです。

子どもの行動の動機

親の感情

練習6-2 代わりを見つけよう

次の状況を読み、どのような代わりを見つけるか決めてください。

1. マイク（2歳半）はねじ回しを持って、居間のランプを解体している。

2. メアリー（1歳半）は、隣の家の子どもを噛んだ。今また、噛もうとしている。

3. ピーター（2歳）は、えんぴつであなたの本にいたずら書きをしている。

4. キャリー（1歳3カ月）は、本棚からお父さんの本を全部引っ張り出したところ。

5. ポール（1歳半）は、買い物の品物をしまう手伝いをしたくて、卵を取ろうとしている。

6. ペニー（1歳半）は、落ちにくいペンで、紙にいたずら書きをしている。

練習6-3 状況を変える

次のそれぞれの状況について、環境を変えるための方法を3つ書いてください

A. 子どもが、ごちゃごちゃした居間で三輪車をこいでいる。

1
2
3

B. 子どもがテレビのリモコンで遊んでいる。

1
2
3

C. 子どもが植木鉢の土を掘り起こし、植物をめちゃくちゃにしている。

1
2
3

D. 2人の子どもが、ひとつのおもちゃをめぐって何度もけんかをしている。

1
2
3

E. 子どもが服を着ようとしているが、タートルネックのシャツがうまく着られない。

1
2
3

練習6-4 行動の結末を見きわめよう

1～3の状況を読み、それぞれについて「自然のなりゆき」であれば「自」、「論理的な結末」であれば「論」と書いてください。

状況1：子どもの部屋がとても汚く、何かを踏まずには歩けないほどだ。

a．部屋がこんなに汚いと、踏まれてしまって、おもちゃが壊れるわよ。

b．おもちゃを床に置いたまま寝ると、そのうちになくしてしまうわよ。

c．おもちゃを床に置いておくと、遊びたいときに見つからないわよ。

d．床がこんなに汚いと、お母さんもお父さんも、呼ばれても来ないわよ。

状況2：子どもが毎朝、服を着るのにぐずぐずして、あなたが家を出るまでに、保育園に行く準備ができない。

a．8時までに服を着ないと、パジャマのまま保育園に行かなければならないわよ。

b．もし服をちゃんと着ていないと、車の後ろの席に座らないといけないわよ。後ろだとソックスや靴をはくスペースがあるから（子どもは前の席に座るのが好き）。

c．時間までに服を着ないと、朝ごはんを食べられないわよ。

状況3：子どもが無線を持っていて、アンテナをしょっちゅう前後に曲げている。アンテナが壊れたら、新しいのを買うお金はない。

a．もしアンテナをもう一度曲げたら、今日はもう棚の上にしまうわよ。

b．アンテナは何度も曲げられると、折れてしまうわよ。

4．**状　況**：キースが夕食のときに、テーブルクロスを引っ張ろうとしている。

対処法：「それを放しなさい。言うことをきかないなら、手を叩いてもいいの？」

間違い：

より効果的な方法：

5．**状　況**：キティーはベッドに入るのをいやがっている。

対処法：「ベッドに入りなさい。さもないと、今日は物語を読みませんよ」

間違い：

より効果的な方法：

練習6-5 効果のある結末を作り出す

次の1～4の状況と対処の仕方を読んでください。それぞれの対処の仕方には、ひとつの間違いがあり、そのために効果が少し薄れています。

A. 間違いを見つける。
B. もっと効果的な結末を引き出す方法を書く。

1．**状　況**：アランはブライアンのトラックを、ブライアンが家に帰るときになっても返さない。
対処法：「アラン、ブライアンにトラックを返しなさい。さもないと、もう遊びに来てくれませんよ」
間違い：
より効果的な方法：

2．**状　況**：エリックが妹をぶとうとしている。
対処法：「妹となかよく遊びなさい。さもないと、今日の午後、セサミストリートは見られませんよ」
間違い：
より効果的な方法：

3．**状　況**：お母さんが保育園にマークを迎えに来たが、「帰ろう」というお母さんの言葉をマークは無視している。
対処法：「今すぐ来るか、さもなければあなたを置いていきますよ」
間違い：
より効果的な方法：

練習6-6 タイム・アウトの間違いを見つける

次の状況を読んで、見つけられる限りの間違いを箇条書きにしてください。

家族が夕食のテーブルを囲んでいます。ボビーがジミーにちょっかいを出して、ふざけ合いになり、両親の会話をとぎれさせてしまいます。母親はそれに対し、次のように言いきかせます。「２人とも、ふざけるのをやめて、食べなさい。食べ終わったら、デザートを食べていいから」。それでも、ふざけ合いは続きます。そのうち父親が叫びます。「やめなさい。食べるんだ。さもなければ、自分の部屋に行かせるぞ」。ふざけ合いは止まりますが、子どもたちはしばらくするとまた始めます。

父親はますます怒って、ボビーを下の部屋に続く階段まで引っ張っていき、どなりつけます。「タイム・アウトだ。落ち着くまで、ここに座ってなさい」。ボビーは大声で叫び返します。「ぼくは何もしていないよ。ジミーがやったんだ」。それに対し父親は「ジミーが何をしたか、関係ない。さあ、座って、静かにするんだ」と言います。それからも、２人の言い合いは続きます。

ようやくボビーは降参して、こう言います。「わかったよ、食べるよ」。ここで父親は、ボビーにテーブルにもどっていいと言い、「さあ、座って、行儀よくするんだよ」と命じます。ボビーがもどると、母親はデザートを出しました。まもなく、２人の子どもたちはまたふざけ合いを始めます。

間違い

練習の答え

練習6-1

1．ダニー：動機――復讐、親の感情――深く傷ついている
2．ラリ：動機――注意を引きたい、親の感情――イライラしている
3．ザック：動機――力、親の感情――怒り
4．アネット：動機――自分は無気力、親の感情――絶望、希望がない

練習6-2

1．ランプの代わりに、もう動かない古い時計を与える。
2．子どもの代わりに、噛めるおもちゃを与える。
3．本の代わりにノートを渡す。
4．お父さんの本のあるところから、その子の本のあるところへ移す。
5．卵の代わりに、缶詰を渡す。
6．そのペンの代わりに、クレヨンか水性ペンを渡す。

練習6-3

A　1．三輪車を外へ持っていく。2．地下の部屋だけに限る。3．家具をどかし、スペースを作る。
B　1．古いテレビを与える。2．テレビを親の部屋に移す。3．リモコンを子どもの手の届かない、ベビーサークルに入れる。
C　1．砂場を用意する。2．子どもを海岸に連れていく。3．子どもにおもちゃを与える。
D　1．子どもからおもちゃを取り上げる。2．同じおもちゃをもうひとつ用意する。3．子どもたちを散歩に連れていく。
E　1．首まわりが伸び縮みするシャツを用意する。2．着にくいシャツをすべてしまう。3．ボタンのついたシャツを用意する。

練習6-4

状況1：a－自、b－論、c－自、d－論
状況2：a－自、b－論、c－自
状況3：a－論、b－自

練習6-5

1．**間違い**：選択の余地はありません。ほとんどの親は、アランがブライアンのトラックを持ったままにはさせません。ブライアンがこれから来なくなったとしても、トラックを放したくないと、アランが思ったとしてもです。
より効果的な方法：「アラン、あなたがブライアンにトラックを返さないなら、わたしが渡しますよ」
2．**間違い**：結果が原因と結びついていない。
より効果的な方法：「妹となかよく遊びなさい。さもなければ、自分の部屋でひとりで遊びなさい」
3．**間違い**：親は言っていることを実行するはずもないし、明日新しい保育園を見つけることもないでしょう。
より効果的な方法：「マーク、自分で車のところまで歩いていくか、さもなければわたしが抱えていきますよ」
4．**間違い**：結果が原因と結びついていない。
より効果的な方法：「テーブルクロスを放すか、さもなければ、わたしがあなたの手をはずしましょうか？」
5．**間違い**：結果が原因と結びついていない。
より効果的な方法：「ベッドに入る時間ですよ。自分で入るか、さもなければお父さんにしてもらいましょうか？」

練習6-6

1．ふざけ合いを止める前に、しばらくそうするままにしておいた。
2．ふざけ合いをやめさせるために、わいろを使おうとした（ほうびとわいろについての説明は125ページを参照）。
3．「静かにしなさい。さもないと……」と子どもたちを脅した。
4．ボビーにタイム・アウトをとらせるときに、穏やかな口調で言わなかった。
5．何が起こったか、ボビーと言い争った。
6．静かにする時間を作らなかった（タイム・アウトなしに、もどるのを許した）。
7．言い争いやふざけ合いのほうびに、デザートをあげた。

第7章

ナンシーの悩み、アリスの悩み

すべての方法を使って問題を解決する

親というのは、問題のある状況に対して、いつも同じ方法で対処してしまう傾向があります。たとえ、その結果に必ずしも満足していなくてもです。

視野を狭くしてしまうと、他にもいろいろな対応する方法があることが見えなくなります。ゴタゴタの真っただ中では、新しい解決法や創造的な解決法を考えることは難しいからです。

イライラするような問題が何度も起こるようなら、少し時間を割いて、「問題解決のステップ」に沿って、その問題と向き合ってみてください。

この章では、2つの家族の問題を、第2章で取り上げた「問題を解決するための5つのステップ」を通して考え、本書のなかで提案した方法から、できるだけ多くの可能な解決法をあげてみます。

ナンシーの悩み

子どもが友だちにちょっかいを出すので困っています

わたしは息子のマット（3歳）と、その友だち、それに赤ん坊（6カ月）を車に乗せて、公園に連れていこうとしています。マットと友だちは後ろの座席に、赤ちゃんは助手席にいます。

最初、2人の男の子たちはご機嫌です。ところが、そのうちにマットが友だちのほうに乗りだし、足をつつきます。

「やめて」その子は大声で言い、ぐずりはじめます。

マットはまたつつきます。その子はまたやめてと叫び、つつかれているんだとわたしに訴えてきます。

わたしは、「あなたの友だちがつつくのやめてって言ってるわよ。手を出すのをやめなさい」と言います。

それでも、マットはやり続けます。わたしはまた「やめなさい！」と言いますが、マットはまたつつきます。

わたしはイライラして、怒ります。そして、後ろに手を伸ばし、マットの足をひっぱたきます。

ステップ1 問題を行動面から明確にする

この状況には、特定できる問題が2つあります。

A 後ろの座席からの物音が、ドライバーを悩ませている。

B ひとりの子どもが、もうひとりの子どもをいじめている。

ステップ2 情報を集める

ナンシーが述べた状況は、何回か起こったのですが、いつ始まったのかはナンシーも思い出せません。それほど前ではないように思います。ナンシーは車を運転しているので、後ろで何が起こっているか、見ることができないからです。そのため、友だちが、何かマットを挑発するようなことをしたかどうかはわかりません。

だれが問題を抱えているのでしょう?

ナンシーが問題を抱えている可能性も、子どもたちが抱えている可能性もあります。

子どもたちが問題を抱えることになるのは、ナンシーが、子どもたちは自分たちのいさかいを解決することを学ぶべきだとか、友だちのほうがつつかれるようなことを何かしたと、感じた場合です。

ナンシーが問題を抱えることになるのは、もしナンシーが、騒がしくて安全に運転できないとか、どのような状況でも人はいじめられるべきではないとか、その友だちは自分の身を守ることができないと感じた場合です。このときは、ナンシーは、息子が友だちをつつくべきではないと感じたので、これは自分の問題だと判断しました。

子どもは何をしたらいいか、わかっているでしょうか?

最初、ナンシーはマットが何をすべきかわかっているはずだと思っていました。何度も、「友だちをぶってはいけませんよ」と言いきかせていたからです。しかし、自分がマットに言ったことは、子どもが実際に何が「できる」かは言わず、「してはいけない」ことしか言っていなかったことに気づきました。

マットが自分の感情を表現するのはかまわないと思いました。ただ、つつくことはいけませんが、自分がどう感じたかを友だちに言うか、しかめっ面をして表すかしたらいいと、ナンシーは考えました。

ステップ3 可能性のある解決案をあげる

それではこれから可能な解決方法を、問題解決表(242ページ)を使って出してみましょう。

いくつかの解決案は、かなりとっぴなものかもしれませんが、それでかまわないのです。アイデアを出すプロセスは、それを検討するプロセスとは、まったく切り離していいのです。

わたしはどう変われるでしょう？

わたしは、問題が起こらないようにするために、自分の気分や考え方、子どもへの期待などを変えることができるでしょうか？

1 公園に出かける前に、冷たいレモネードを飲んだり、ケーキを食べたりする。（気分を変える）

2 子どもなしで、週末にどこかへ出かける。（気分）

3 マットが友だちをつついてもいいとする。（考え方）

4 この年齢ではふつうのことで、そのうち収まると思う。（期待）

5 実際には友だちのほうに問題があり、その子が考えるべきだと思う。（考え方）

どうやって状況を変えることができるでしょう？

問題を減らしたりなくしたりするために、状況を変えたり、違う活動にしたり、日課を変えたり、うまい移行の仕方をくふうしたりできるでしょうか？

6 2人の子どもを離して座らせる、またはひとりを助手席に座らせる。（状況を変える）

7 大きなぬいぐるみや、犬、大きな枕、大きな段ボール箱などで2人の間にしきりを設ける。（状況を変える）

8 黒板やゲーム、粘土、塗り絵など、車の中で、夢中になれるようなものを子どもに与える。（状況を変える）

9 車に乗っている間、子どもたちとゲームをしたり、歌を歌ったりする。（状況を変える）

10 昼寝の後、子どもたちがまだ元気いっぱいのときに、公園に行く。または食事の後、子どもたちがほどよくおなかがいっぱいのときに行く。（日課を変える）

11 車で行く代わりに、歩いて行く。（状況を変える）

どうすれば、なかよく過ごさせることができるでしょうか？

これまでのステップで、ナンシーは、マットがしかめっ面をするか、言葉で自分の気持ちを伝えることができると思っています。さらに、マットに歌を歌わせたり、10まで数えさせることもできます。これらの行動に、ほめることやお菓子やシールをあげることをつけ加えてもいいでしょう。次にあげたのは、そのためのいくつかの方法です。

12 マットに、しかめっ面をするようにと、自分でやって見せる。

13 口で自分の気持ちを表せたら、そのほうびに、公園のアヒルにあげるエサの袋を渡す。

14 歌を歌って、子どもにも歌うように勧める。

15 マットが、自分の気持ちを上手に表現できたときのために、お菓子を用意しておく。

16 10まで数えるたびに、お菓子（またはアヒルのためのエサ）を与える。

17 マットがしかめっ面をしたら、「まあ、あなたはほんとうに怒っているのね」と言う。

18 2人が機嫌よくしているなら、一緒に、言葉遊びをする。

どうやって、よくない行動を減らすことができるでしょう？

よくない行動を減らすために、どうやって無視や置き換え、結果を引き受けるなどの方法を使うことができるでしょう？

19 マットがつついたら、それには何も反応せず、何も言わないようにする。（無視）
20 マットに、友だちではなく、自分をつつかせる。（置き換え）
21 車の座席をつつかせる。（置き換え）
22 大きなぬいぐるみをつつかせる。（置き換え）
23 前の座席をつつかせる。（置き換え）
24 友だちをいじめないなら、後ろに座っていいことにして、そうでなければ前に座らせる。（結果を引き受ける）
25 友だちをつつかなければ、公園に行ってもいいが、そうでなければ家に帰ることにする。（結果を引き受ける）

ステップ4 アイデアを検討し、ひとつ選び、それを実行する

さていよいよ、アイデアを検討して、お金がかかりすぎる、実用的でない、自分には受け入れられない、といったものをのぞきます。アイデアをたくさん出していれば、そのなかに受け入れられるようなアイデアがいくつかあるでしょう。

この状況では、ナンシーは自分の考え方を変えることはできないけれども、状況は簡単に変えられると思いました。マットを助手席に座らせ、赤ちゃんを後ろに移すことにしたのです。そうすれば、マットが友だちをつつくことはできないわけです。友だちを助手席に座らせることはしませんでした。そうすると、マットが友だちの代わりに赤ちゃんをつつくこともできるからです。

ステップ5 実行した解決法を見直す

その解決法はうまくいきました。マットに自分をどうコントロールするかを教えることにはなりませんでしたが、友だちをつつくことはやめさせられたからです。しばらくして、また2人を一緒にしたとき、マットが自分のことを十分にコントロールすることができ、友だちをつついたりしなくなるといいと、ナンシーは期待しました。

これがなんらかの理由でうまくいかなかったら、ナンシーはべつのアイデアを選び、それを試すこともできます。

どの案もうまくいかなかったら、ナンシーはもっとアイデアを出す必要があったでしょう。たとえば、マットが友だちをつつくたびに車を止め、タイム・アウトとして、2人を2〜3分、外に出すこともできたでしょう。タイム・アウトが何度も起これば、公園で遊ぶ時間はなくなります。

新しい解決法がどれもうまくいかなかったら、ナンシーには、問題を定義し直す、問題を受け入れる（がまんする）、専門家の助けを求めるといった選択肢があるでしょう。

アリスの悩み

朝出かける前になると、子どもがぐずって、時間どおりに出かけられません

問題があるんですが、どうしていいかわかりません。いくら念入りに準備をしても、毎朝必ず何かが起こって、わたしは時間どおりに家を出ることができないのです。

先週の月曜日は、どうしても時間どおりに家を出たかったので、日曜日のうちに、お弁当の用意をしたり、着替えの服を揃えたり、保育園の仕度をしたりしておきました。

当日、出かける数分前までは、すべてがスムーズにいっていました。ところが、息子のアダム（2歳9カ月）はこの最後の数分に、ズボンや靴を脱ぎ、靴ひもをなくし、ランチボックスの中身をお姉ちゃんの部屋にばらまいてしまったのです。

ステップ1　問題を行動面から明確にする

アダムがわたしたちの出発を遅らせる。

ステップ2　情報を集める

アリスが今述べた状況は、1週間に4回ほど起こっていました。

アダムは母親が部屋にいないと、服を脱いだりして、わざと混乱させようとするのです。

アリスは、アダムが他のときにはちゃんと服を着たままでいるので、5分くらいなら、ひとりで楽しいことをして、服を脱いだりしないでいられるはずだと思っています。

だれが問題を抱えていますか?

アリスは、自分が問題を抱えていると判断しました。アダムは楽しそうでしたが、時間どおりに家を出るという自分の要求が満たされていなかったからです。

子どもは、何をするのかわかっていますか?

アリスは、他のときは、アダムがひとりで楽しむことができるのだから、何をしたらいいかわかっているはずだと思っていました。しかし、朝、母親を待っている間、何をしていたらいいかについて、とくにアダムと話をしたことはありませんでした。

ステップ3 可能性のある解決案をあげる

次にアリスは友人たちと、問題解決表を使って、この問題を解決する可能性のあるアイデアを次つぎに出していきました。

いくつかの案はとっぴなものでしたが、それでいいのです。実用的でない案でも出していいことになると、人は想像力を働かせて考えることができるからです。

出されたアイデアは、受け入れられるものかどうか、あとで検討します。

わたしはどう変わることができるでしょう？

問題が起こらないようにするために、自分の気分や考え方、子どもへの期待を変えることができるでしょうか？

1　ベビーシッターのところに、アダムが服を脱いだまま、またはパジャマのままで行ってもかまわないことにしようと思う。（考え方）

2　家を出る直前にアダムにもう一度服を着せ、片づけをするしかないとあきらめて、そのつもりで準備する。（期待）

3　アダムの行動によって、イライラさせられたり、せかされたりしないことにする。（気分）

どうやって状況を変えることができるでしょう？

問題を減らしたりなくしたりするために、状況を変えたり、違う活動にしたり、日課を変えたり、上手に次の活動に移る方法をくふうできるでしょうか？

4　「待ち時間」のために、特別なおもちゃを出す。（状況を変える）

5 健康的なおやつをあげ、最後の数分、食べることに夢中にさせる。（活動を変える）
6 父親の古い靴を与え、靴ひもを結んだり、ほどいたりさせる。（状況を変える）
7 アダムを母親と同じ部屋にいさせる。（状況を制限する）
8 落ち着かせるために、手にミトンをはめさせる。（状況を制限する）
9 家の明かりを消す前に、アダムを車のベビーシートに座らせる。（状況を制限する）
10 靴ひもを取れないように靴に結びつける。（状況を制限する）
11 さっとはける靴を買ってやる。（状況を変える）
12 靴の上にさらにブーツをはかせて、少し落ち着かせる。（状況を制限する）
13 アリスが着替えをすませた後、アダムの着替えをさせる前に、明かりを一つだけ残し、すべて消す。（日課を変える）
14 アリスが時間どおりに家をどうしても出たいのなら、アダムを前の晩にベビーシッターのところに連れていく。（日課を変える）
15 ベビーシッターのところに、1時間早く連れていき、その後で家にもどって用意する。（日課を変える）
16 アダムをまず着替えさせてから、出かける直前にすることをしながら、朝ごはんを食べさせる。（日課を変える）
17 お弁当や着替えを、前の晩か朝早く車に入れておき、出がけにあわてなくてもいいようにする。

（日課を変える）

18　明かりを消すといった、出がけにする仕事をアダムにやらせる。（日課を変える）

19　アダムに、待っている間にすることのリストを渡す。（移行をスムーズに）

機嫌よく行動させるには、どうしたらいいでしょう?

これまでのステップでは、アダムが服を脱いだり、食べ物をばらまいたりする代わりに、何かできることをあげました。これからあげることは、アダムを機嫌よく行動させるために、アリスができることです。

20　協力してくれたことをほめる。

21　服を脱がなかったら、ほめる。

22　服を着たままなら、1分ごとに、お菓子をあげる。

23　服を着たままなら、服の種類の数だけおやつをあげる。

24　服を着たまま出かける用意ができたら、最後の5分間、本を読む。

25　服を脱がずにいたら、その間、歌を歌い続ける。

どうやったら、よくない行動をなくせるでしょう?

よくない行動を減らすために、無視や置き換え、結果を引き受けるなどをどう使ったらいいでしょう？

26 服を着せたり脱がせたりできるように、等身大の人形を与える。（置き換え）

27 おやつをよけいにランチに詰め、アダムが取り出して、食べてもいいようにする。（置き換え）

28 朝ごはんをランチボックスに入れ、アダムが出して食べてもいいようにする。（置き換え）

29 包み紙で包んだ箱を渡し、包みを開けられるようにする。（置き換え）

30 アダムに、「出かけるときに靴をはいてなければ、靴をはかずに行くんですよ」と言う。（結果を引き受ける）

31 アダムに「わたしが出かけるときに、用意ができてなかったら、おばあちゃんと留守番するんですよ」と言う。（結果を引き受ける）

32 出かけるときに、怒りもせず、何も注意せずに、そのままアダムを連れていく。（無視と結果）

ステップ4 アイデアを検討し、ひとつ選び、実行する

さていよいよ、アイデアを検討します。

この状況では、アリスは自分が変わることも、服をきちんと着ないままのアダムをベビーシッターのところに連れていくこともできないと感じました。また、食べ物を言うことをきかせるために使うのもいやでした。

その代わり、日課を変え、移行をスムーズにすることはできました。まず、出がけにすること、明

かりを消す、ドアの鍵がかかっているか確かめるなどを、アダムにしてもらうことにしました。それがうまくいかなければ、早めにベビーシッターのところに連れていき、それから家に帰って、コーヒーを飲み、出かける前にほんの少しリラックスすることにしようと思います。

ステップ5 実行した解決法を見直す

出かけるときの日課を考え直すことで、遅れることが少なくなりました。アダムにできることをみつける必要があると思ったので、できるだけのアイデアを出してみました。それはけっこう大変でしたが、今までよりは、ずっとイライラせずにすむようになりました。

この2つの例のために、多くの解決案が出されました。

ひとつの解決案が、どの状況にも合うとは限りません。ある親と子にうまく合う解決法が、他の親子には合わないかもしれません。どの親も経験を積めば、自分にも子どもにもぴったり合った方法を見つけることができます。

子どもも親も成長していくにつれ、親はその方法を、変化に見合うように見直したり、変えたりしていく必要があるでしょう。

子どもが大きくなるにつれ、次の2点を覚えておくことが大切です。

- **問題を解決するときに、子どもが、自分から進んでしようとすること。**

●子どもは、自分が強制されたのと同じやり方で、親を言いきかせようとすること。

子どもは、親の権威により従わされてきた場合、10代になると家から出ていくことで、親の権威から完全に抜け出そうとします。もし子どもが小さいときから、前向きな話し合いや問題解決法を教えられていれば、親にも自分自身にも納得がいく解決法を見つける方法を身につけるでしょう。

問題解決表

問題を行動面から明確にする（P.51）

↓

情報を集める（P.53）
頻度、内容、発達段階

↓

だれが問題を抱えていますか？（P.56）

→ 子ども → 能動的に聴く（P.88）
新しい行動を教える（P.145）
状況を変える（P.195）
↓
子どもへの期待をはっきりさせましょう（P.20, 82）

↓ 親

子どもは何をしたらよいかわかっていますか?

→ わかっていない → 子どもへの期待をはっきりさせましょう（P.20, 82）

↓ わかっている

可能性のある解決案をあげましょう（P.59）

自分を変える
考え方を変える（P.17）
期待を変える（P.20）
気分を変える（P.33）

状況を変える
状況を変える（P.195）
日課を変える（P.73）
移行をスムーズに（P.78）

ほうび
ほめる（P.133）
よい行動に対するほうび（P.120）
注目（P.113）

よくない行動をしないように
よくない行動を無視する（P.189）
置き換え（P.192）

検　討（P.61）

↓

ひとつの案を試す

↓

うまくいきましたか？

→ うまくいった → 自分をほめましょう

↓ いかなかった

すべてのアイデアを試しましたか？

→ 試さなかった → ひとつの案を試す

→ 試した → より強力な解決案をあげる
自然のなりゆき（P.199）
論理的な結末（P.200）
タイム・アウト（P.204）
検討し、ひとつ実行する

↓

うまくいきましたか？

→ うまくいった → 自分をほめましょう

→ いかなかった → 別の強力な案を試す
問題を再定義する
専門家の助けを求める
がまんする

問題解決計画表

この表は、たくさんのアイデアを出すためのものです。できるだけ頭をやわらかくして、いろいろなアイデアを出してください。

ステップ1　問題をはっきりさせる

ステップ2　情報を集める

◎行動を観察し、記録する。

1日に、または1時間に何回その行動が起こるか。
それがよく起こるのはいつか。
だれが問題を抱えているか――子どもか、親か、両方か。
子どもにどのような行動を望むか。

ステップ3　可能性のある解決案をあげる

◎よい行動を促すためにできることを3つあげる。

1
2
3

◎感情を認めるための方法をひとつあげる。

◎問題を避けるためにできる方法を3つあげる。

1
2
3

◎子どもに与える3つの選択肢をあげる。

1
2
3

◎自然のなりゆきか、論理的な結末か。

ステップ4　アイデアを検討し、ひとつ選び、実行する

◎まず、わたしは ＿＿＿＿＿＿＿＿＿＿＿＿ をします。

◎それを子どもに ＿＿＿＿＿＿＿＿＿＿＿＿ と、説明します。

◎もし子どもがこのやり方にチャレンジしてきたら、わたしは ＿＿＿＿＿＿＿＿＿＿＿＿＿＿＿＿＿。

ステップ5　実行した解決法を見直す

◎このやり方を ＿＿＿ 日間／週間、試そうと思います。

◎必要なら、＿＿＿＿＿＿ か、＿＿＿＿＿ を試してみるかもしれません。

おわりに

この本は、子どもをすくすくと育てるための方法とスキルを紹介しています。なかには簡単なものもあり、また少し複雑なものや、時間のかかるものもあります。これらの方法を、簡単な問題に対して気軽に使うこともできますし、また深刻な問題に対して慎重に使うこともできます。

どうしたらいいか考えるときには、自分と子どもの性格をまず思い浮かべてください。第1章の「手のかからない子」と「手を焼かせる子」を思い出してください。子どもたちにも、要求や違いがあるのです。

ひとつの方法が、どの状況にも有効なわけではありませんでしたね。自分にとってうまくいくような方法を見つけることです。

効果のある方法が見つからないときは、友人か専門家に助けを求めてください。何をすればいいかわかっているけれども、実行するのが難しければ、他人の助けや援助を求めましょう。

あなたが学び成長していけば、それは子どもに、成長するとはこういうことだという手本を見せることになります。

子どもは完璧な親など必要としていないことを覚えていてください。

子どもにとって必要なのは、愛してくれる親であり、成長していく親、粘り強い親なのです。

訳注

＊1——**トマス・ゴードン**　アメリカの心理学者。PET（親業訓練）、LET（リーダー訓練）、TET（教師訓練）などのプログラムを開発し、実施している。

＊2——**行動修正**　学習理論にもとづく実験によって基礎づけられたすべての行動修正法を「行動療法」と定義づけた。行動療法の代表的な治療法として系統的脱感作法、フラッディング、断行訓練、モデリング等がある。

＊3——**交流分析**　アメリカの精神科医バーンとその弟子によって1950年代から1970年代にかけて創設されたひとつの完成したパーソナリティ理論である。

＊4——**アルフレッド・アドラー**　オーストラリア生まれの精神科医。1902年フロイトのグループに参加したが、1911年にグループを離れ、独自の心理学理論を発展させた。個人心理学の創始者。

＊5——**ルドルフ・ドレイカース**　アドラーの弟子で、ウィーンで学んだ後、シカゴで親のためのグループ・カウンセリング・センターを始め、1964年にSTEP（Systematic Training for Effective Parenting）と呼ばれる親教育法を発表した。

＊6——**ステラ・チェス**　児童心理学の権威で、ニューヨーク大学メディカルセンター教授。

＊7——**アレキサンダー・トーマス**　児童心理学者。1950年代から妻ステラ・チェスとともに子どもの気質研究を先駆的に行っている。

＊8——**ハーバート・バーチ**　バーチはステラ・チェスとアレキサンダー・トーマスとの共著"Your Child Is a Person"「あなたの子どもも人間」（1965年）で初めて子どもの気質と行動の関連を説いた。

＊9——**バートン・ホワイト**　ハーバード大学教授。就学前プロジェクトを担当しており、生後3年間の育児の大切さを調査・研究した人として知られている。

訳者あとがき

エリザベス・クレアリーとの出会いは一九八九年の夏に遡ります。

わたしは、前年一九八八年九月に十年間暮らしたカナダから帰国したのですが、その三カ月後に四人の幼女が強姦にあい殺害されるという史上稀にみる残虐な「東京埼玉幼女連続殺人事件」が起きました。翌年の五月にようやく容疑者が捕まり事件は解決しましたが、その時、公的な機関が出した防止策は、「知らない人にはついていかない、一人にならないように、変質者に気をつけるように」という旧態依然としたもので、日本社会は、子どもへの性的虐待を理解していないことに唖然としました。当時、わたし自身が二歳半の娘をもつ母親であり、他人事ではなく、こういった伝統的な防止策ではなく、子どもには力があり、自分で自分の心とからだを守ることができるのだというメッセージを早急に送りたいと思いました。

カナダ滞在中に見た"It's My Body !"(『わたしのからだよ!』木犀社)という本を思い出し、これを翻訳したいと思いました。その出版社(ペアレンティング・プレス社)の代表取締役がエリザベス・クレアリーでした。今考えると、当時翻訳家としての実績はゼロで、加えて日本での出版社も決まっていない段階でよくぞ翻訳権を心よくくれたものだと思います。娘を連れて、エリザベスが事務所代わりに借りていた郊外の一軒家で会った大柄な彼女は、きさくでとても良質なアメリカ人だという印象を受けました。その時に、彼女から、子育てに手がかかるので小学校の教師を辞めて専業主婦をしばらくしていたが、子どもを力強く描く絵本がないのを憂慮して、新車を買うお金で一人で一九七九年に出版社を興こしたこと、その後、子どもを力づけるためには、まず親を力づける必要があることを実感し、ペアレンティング（親のあり方）として自らが書き手になっていったことを聞き、勇気づけられたのでした。

本書の原題は“Without Spanking or Spoiling”（叩かず、甘やかさずに子育てする方法）で、初版は一九七九年に出されています。エリザベス自身が第1章のはじめで語っているように、行動療法、交流分析、アドラー心理学、ドレイカースのＳＴＥＰ、トマス・ゴードンの親業訓練などの多くの先駆的な親教育を学んだうえで、教師として、一男一女の親としての体験を踏まえて、とくに幼児や就学前の子どもへの親教育を示した本でした。初版以来、アメリカ・カナダではベストセラーを続け、一九九三年に大幅に加筆して第二版を出版。これも幼児・就学前の子どもに接するペアレンティングのバイブルとして長く読みつづけられています。本書はこの第二版の翻訳です。

一九九五年頃から、子どもの虐待、いじめ、学級崩壊、家庭内暴力、少年非行など、日本のメディアは毎日のように子どもの問題を報道しはじめました。

帰国後、女性や子どものアドボケイト（代弁者）の活動を通して、子どもの問題はおとな社会の反映であり、おとなの問題であり、親の問題であると語ってきました。同時に未だに根強い性別役割分業、母性神話、三歳児神話などとの葛藤のなかでの母親の苦悩を見聞していました。また、離婚率が激増し、単身家庭が増えるなど、激変する社会のなかにあって、子どもの世界も同じように激変しているはずなのに、昔はよかった式の育児論や、母親の役割、父親の役割が強調され、両親が揃っていないと崩壊家族のように書かれた育児書に違和感を感じていました。

また、客観的な見方で援助する男性の専門家の意見は貴重ですし、わたしも随分と助けられましたが、批判を覚悟して言えば、実際に自分の子どもの育児をした体験のない男性（体験している男性は別ですが）の育児論は、信頼に値しないと思っていました。なぜなら、わたし自身が自分の子どもと向き合う経験が、どんな仕事よりも大事業であると日々実感しているからです。親子の関係は永遠です。一人ひとりの子どもが異なるが故に子育てにマニュアルがあるとは思えません。ただ、親としてどうあればいいのか、親としてどう向き合えば、自分とは違う性格をもつこの子は育つのか、激変している今を生きる親としてどうすればいいのか、何か教えてくれるもの（情報とスキル）が必要だと考えていました。

エリザベス・クレアリーはアメリカで女性として初めて親教育を提唱した人です。初めての著書“Without Spanking or Spoiling”を出してから、育児、ペアレンティング、感情について、問題解決法について等々、三十冊以上もの著書があります。これまでに築地書館から出版した『「親」をたのしむ5つのスキル』（一九九八年）『楽しく子育てアイデアブック』（一九九九年）はエリザベス・クレアリーが一九九五年にスター・ペアレンティングと名づけた親教育のプログラムの実践書です。

お陰さまで増刷を重ねるなかで、日本の幼児、就学前の子どもをもつ親のニーズに応えるために、原点に戻ってエリザベス・クレアリーの示す理論を翻訳したいという思いが、今回の出版につながりました。また、二〇〇〇年からやっと「児童虐待防止法」が施行されていますが、虐待する親への指導が必要であるとしながら、具体的な方法は残念ながら提示されていません。本書はその親指導のためにも利用していただけると確信しています。

先ほどもふれたように、エリザベスは彼女以前の先駆的に親教育に取り組んだ人々による理論をふんだんに盛りこんでいますので、心理学用語として定着している専門用語もたくさん使われています。今回翻訳するにあたっては、専門書としてではなく、できるだけ誰にでも理解してもらえるように、言葉より内容を重視するという視点で専門用語はできるだけ平易な言葉にしました。例えば、「行動修正」を「行動を変えていく」、「自然的結末」を「自然のなりゆき」、「論理的結末」を「論理的な結末」、「肯定的強化」を「気持ちよく認める」、「否定的強化」を「力で押さえつける」等々です。

毎日十時間以上を仕事や活動にあて、ほんの少し遊んで、仕事の合間に親をやっているので、エリザベスの来日の六月に出版が間に合うように、わたし一人で翻訳作業に取り組むのは、時間的にも体力的にも到底無理であるとわかっていましたので、今回は三輪妙子さんに全面的に頼ることにしました。彼女とはカナダで青春をともにした二十年来の姉妹以上の友人です。英語力も視点も信頼していたので、たいへんに頼りになり、期待通りの仕上りとなりました。

本書は築地書館から出版させていただく五冊目の本になります。編集者の橋本ひとみさんにはいつも寄り添い励まし力づけてくださることを感謝します。

最後に娘の藍にも感謝しなければなりません。帰国当時二歳半だった娘も今春で高校一年生になりました。とくに思春期の彼女との日々の葛藤は壮絶でしたが、この個人的な体験がなかったら、わたしがペアレンティングに関心をもつことはなかったでしょう。親が変わらなければならない、親を孤立させてはいけない、親がエンパワーされるペアレンティングを、社会的な取り組みに発展させなくてはならないと考えています。

本書が、悩みを抱えながら子どもと向き合っている親の一助になることを願っています。

二〇〇一年四月

宝塚・仕事場にて　田上時子

●エリザベス・クレアリーのスター・ペアレンティングについての問い合わせ先
特定非営利活動法人　女性と子どものエンパワメント関西
兵庫県宝塚市中野町4-11　〒665-0056
TEL 0797-71-0810　FAX0797-74-1888
E-mail：videodoc@osk2.3web.ne.jp
URL：http://www.osk.3web.ne.jp/~videodoc

【著者紹介】

エリザベス・クレアリー（Elizabeth Crary）

親や教師、子どもを支援する活動を25年以上続けており、その経験と実践をもとに、のびのびと責任感のある子どもが育ち、親も自分を大切にしながら楽しみながら子育てをする方法として、スター・ペアレンティング（STAR Parenting）というプログラムをつくる。シンプルで無理なくすぐに実践でき、アメリカやカナダの新しい世代の親の圧倒的な支持を得ている。また、講演やワークショップ、大学での講義、テレビやラジオへの出演などを通して、多くの人に親しまれている。
夫と2人の子どもとアメリカのシアトルに暮らす。

【訳者紹介】

田上時子（たがみ　ときこ）

10年間カナダで暮らしたあと、１９８８年帰国。
さまざまな事業の企画・コーディネート、出版、ビデオ製作などを通して、女性と子どものエンパワメントに努めている。
㈶大阪府男女協働社会づくり財団（ドーンセンター）事業担当コーディネーター、ＮＰＯ法人 女性と子どものエンパワメント関西代表、㈲ビデオドック代表。

三輪妙子（みわ　たえこ）

１９７４年から１９８０年までカナダのバンクーバーで暮らし、エコロジーや女性の運動にかかわる。帰国後も、カナダとの行き来を続けながら、環境保護、反原発、女性問題などに関する翻訳・通訳に携わる。

#「親」を楽しむ小さな魔法

二〇〇一年六月二〇日初版発行
二〇〇四年四月三〇日六刷発行

著者――エリザベス・クレアリー
訳者――田上時子・三輪妙子

発行者――土井二郎
発行所――築地書館株式会社
東京都中央区築地七-四-四-二〇一　〒一〇四-〇〇四五
電話〇三-三五四二-三七三一　FAX〇三-三五四一-五七九九
振替〇〇一一〇-五-一九〇五七
ホームページ=http://www.tsukiji-shokan.co.jp/
組版――ジャヌア3
印刷――株式会社平河工業社
製本――富士製本株式会社
装幀――渋川育由
本文挿画――大槻紀子

ISBN 4-8067-1225-6 C0077

●子育て・思春期の本

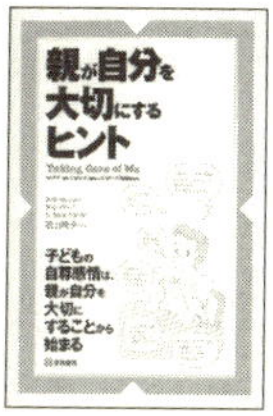

親が自分を大切にするヒント

ウェルマン＋カールソン＋ヒーリー［著］　田上時子［訳］

◉2刷　一〇〇〇円

◉神戸新聞評＝自尊感情を養うことで子どもとの関係を見つめ直そうという手引書。実践にこだわって編集されている。

◉読売新聞評＝子どもに関わる多くの大人たちへのヒントが盛り込まれている。

楽しく子育てアイデア・ブック

クレアリー［著］　田上時子［訳］　◉2刷　一〇〇〇円

一人ひとりの子どもの個性を理解しよう、叱るよりほめよ、わいろよりほうびなど、子育ての基本にそった「魔法の道具（マジック・ツール）」がいっぱい。あなたの場合にあてはめて考えることができる実践的な本。イラスト満載でわかりやすく説明しています。

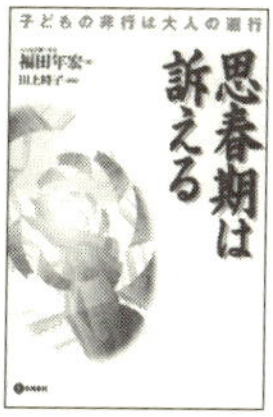

思春期は訴える

子どもの非行は大人の避行

福田年宏（元大阪府警少年係）［著］　◉2刷　一〇〇〇円

激増・凶悪化している少年犯罪に、親、教師、地域の大人はどう対応すればいいのかを、長年の経験からアドバイス。◉朝日新聞評＝思春期の子育てを経験した女性との問答集も収録。さまざまな親の不安に答える形になっている。

14歳、思春期バトル

田上藍［著］　◉3刷　一五〇〇円

ちょっと羽目をはずして思いっきり突っ走った中学校の3年間。大人への反発、親への反抗、友だちとの関係、自分でもどうしようもないモヤモヤした気分、タバコ、シンナー、水商売、家出など、思春期まっただ中の体験を、高校1年の終わりから約1年間かけて綴ったエッセイ。